JN485332

영어와 한국어
유창성 이해 및 평가

강석한 지음

신아사

이 저서는 2020년도 건국대학교 교내연구비 지원에 의한 저서임

들어가는 말

외국어 유창성 습득 및 평가는 주로 영미권에서 성인 이민자들의 주류 사회에 편입하는 과정에서 영어 습득 과정을 이해하고, 그 정도를 파악하기 위하여 연구가 시작되었다. 따라서 이 주제는 자국으로의 외국인 유입이 증가할 때 연구가 활성화된다. 최근 외국인 이주가 급격히 증가하는 우리나라에서도 외국어로서 한국어의 유창한 발화에 관한 관심이 점차 증가하고 있다. 이제는 거의 300만 명을 헤아리는 외국인 체류자들, 10만 명을 넘어서는 외국인 유학생 중에서 상당한 수가 점차 우리 사회에 편입되고 있고, 그 숫자는 점차 늘어나고 있다. 따라서 이들을 대상으로 산업체 취업, 대학 및 대학원 진학, 회사원 및 연구원/교수 채용 등에 객관적인 유창성 판단이 필요하다는 공감대가 만들어지고 있다.

이러한 현실적인 필요성에도 불구하고, 우리나라에서 영어 유창성뿐만 아니라 외국어로서의 한국어 유창성을 다룬 연구서는 거의 없었다. 이는 유창성을 기반으로 하는 영어 및 한국어 말하기 평가의 신뢰성과 타당도에 영향을 미칠 수밖에 없었다. 따라서 본 저서에서는 영어 유창성뿐만 아니라 한국어 유창성 문제도 집중적으로 조명함으로써 범언어적인 측면과 개별 언어적인 특징을 다루고자 한다. 이는 외국어 습득뿐만 아니라 외국어 평가학 측면에서도 도움이 될 것이다.

기본적으로 본 저서는 외국어 유창성 습득 문제에 집중하고 있다. 즉, 배경 언어별, 수준별, 정의적 요소별로 유창성 지표가 어떻게 변하는지를 살펴보고, 이런 요소가 유창성 평가에 어느 정도의 영향을 미치는지를 종합적으로 검토하고자 한다. 또한, 동기, 흥미, 개인적 환경 등의 준언어학적(para linguistics)/비언어학적(non-linguistics) 요소가 유창성 습득에 어느 정도 역할을 하는지를 다각적으로 보여주려고 하였다. 이는 한국인을 대상으로 하는 영어 말하기 평가와 외국인을 대상으로 하는 한국어 말하기 평가 준거 확립에 도움이 되는 길일 것이다.

본 저서는 앞으로 영어와 한국어 말하기 평가가 매우 활발히 이루어질 경우를 대비해야 한다는 점을 고려했다. 현재 영어 말하기 능력 평가는 일부 고등학교나 대학교에서 수행평가나 교양 영어 일부로 이루어지고 있을 뿐만 아니라. 한국어 어학원에서 주로 이루어지는 한국어 말하기 평가도 급수 평가를 위하여 형식적으로 이루어지는 감이 있다. 이는 주관적 평가의 신뢰도와 타당도에 부정적 영향을 미칠 뿐만 아니라, 장차 각종 외국어 시험에서 말하기 영역을 도입하는 것을 주저하게 만드는 요소가 되고 있다. 본서의 유창성 평가에 관한 연구는 이에 대한 해답이 될 것이다.

이미 우리는 AI(artificial intelligence) 시대로 진입하고 있다. AI 시대에서 자동 음성 발화 및 인지는 매우 중요한 영역임을 누구나 부인할 수 없는 사실이다. 따라서 AI 기술을 기반으로 하는 영어 및 한국어 말하기 능력이 자동평가가 이루어지기 위해서도 유창성 연구는 매우 필요하다고 할 수 있다. 본 저서가 이 분야에 자그마한 흔적이라도 남길 수 있다면 다행이라고 생각한다.

2022년 3월

저자

추천사

안현기 (서울대 영어교육과 교수)

추천사를 누가 써야 할가? 누가 써야 당연히 그럴만한 사람이 썼다고 평가를 받을 수 있을까? 이 질문에 대해 다양한 답이 제시될 수 있다. 다만, 한 가지 조건은 반드시 충족되어야 한다고 본다. 추천사는 저자를 오랫동안 가까이에서 관찰해온 사람이 써야 한다. 동일한 연구 분야에서 같이 연구한 경험이 있다면 더욱 좋다. 그렇다면 본 추천인은 이 조건에 가장 확실하게 부합하는 사람이라고 할 수 있다. 2005년에 강석한 교수가 박사학위논문을 청구하였을 때 심사위원으로 참여하였고, 강교수가 MIT에서 박사후 과정을 마치고 돌아와 한국연구재단 박사후과정으로 서울대학교에서 연구를 이어갈 당시에 지도교수였으며, 강교수와 함께 다수의 논문을 국내학회지에 공동으로 출판하였고, 또 해외 학회(블라디보스톡, 마카오, 솔트레이크 시티)에서 다수의 논문을 공동으로 발표하였다. 이런 측면에서 본 추천인이 강교수의 책에 대한 추천사를 쓸 수 있는 자격만큼은 확실히 있어 보인다.

이번에 강석한 교수가 '유창성 이해 및 평가'란 책을 출판한다. 지난 20여년을 되돌아보면, Munro 교수, Derwing 교수, Levis 교수 등의 원어민 발음을 근거로 하는 '정확한' 영어 발음 교육이 가능하지도 않고 그럴 필요도 없다고 주장이 학문적으로 당위성을 갖게 됨에 따라, 영어의 발음/말하기/듣기 교육은 '이해가능한' 발음 교육과 '청해에 어려움이 없는' 말하기 지도로 목표가 변화되어 왔다고 정리할 수 있다. 하지만 이와 같은 변화와 관계없이 영어교육에서 변하지 않는 한가지 측면은 말하기에서 '유창성'의 유용성이다. 이는 TOEFL이나 OPIc 등의 고부담 말하기 평가에서 '유창성'이 반드시 측정되어야 하는 구인(construct)이라는 점에서도 분명히 드러난다. 이처럼 '유창성'은 영어 교육 및 평가에서 반드시 이해하고 교육해야 하는 필수적인 개념이며 구인이다.

이 책은 영어의 발음 교육과 말하기/듣기 교육에 관심을 두고 공부하는 교수, 교사, 대학생 및 대학원생에게 도움이 되는 책이다. 이유는 분명하다. 오랜 시간 이 분야를 연구하고 관련 논문을 발표한 중견학자로서 발음/말하기/듣기 영역에 대한 기초 개념인 '유창성'에 대해 친절하게 설명하고 안내하기 때문이다. 이 책은 또한 근접하지만, 별도의 개념인 '명료성' '이해성' '외국어투 발음'에 대하여도 소개하고 있다. 이 책은 영어교육뿐 아니라 다른 언어 교육 연구자에게도 필요하다. 특히 외국어로서의 한국어 교육 연구자에게 일독을 권한다. 최근에 세계적인 한류 열풍에 힘입어 한국어 교육에 관한 관심이 증가하고 있고 따라서 한국어 말하기 평가를 개발하고 주도해야 하는 연구자들의 역할도 매우 중요해졌다. 말하기 평가에 있어 핵심 구인인 '유창성'에 대한 공부의 중요성은 말할 나위가 없을 것이다.

모든 연구서는 그 자체로서 완성본이 되기를 바라지만 사실 그렇게 되기는 매우 어렵다. 무엇보다 모든 학문이 빠른 속도로 변하고 있어 책을 완성하는 순간 이미 뒤처진다는 역설이 가능하다. 이 점을 감안해도, 본 추천인은 이 책은 최소한 두 가지 측면에서 매우 지대한 학문적 공헌을 할 것으로 확신한다. '유창성'에 관한 학문적인 기본 안내서로서의 역할을 할 것이며, '유창성'이라는 연구 주제에 대해 심도 있게 연구 방향을 안내할 것이다. 여러분께 정독해 주실 것을 정중하게 요청한다.

목차

영어와 한국어
유창성 이해 및 평가

1. 유창성이란?

1.1. 유창성 이해

우리는 한국말을 능숙하게 표현하는 외국인을 만났을 때 '유창한 한국말'을 구사한다고 칭찬한다. 혹은 한국인이면서 영어를 잘하는 사람을 보면 '유창한 영어 실력'을 지녔다고 평한다. 그러면 '유창한 외국어 말하기 능력'은 어느 정도의 말하기 능력을 의미하는가? 근본적으로 '유창함'이란 어떤 발화 능력일까? 모국어에서도 유창한 말하기 능력은 존재할까?

이런 종류의 의문은 일상생활에서는 전혀 문제가 되지 않지만, 만약 여러분이 외국어 관련 교강사로서 학습자의 '외국어 말하기 능력'을 평가하려고 한다면 의외로 난관에 부딪히게 된다. 이는 근본적으로 쓰기뿐만 아니라 말하기는 평가자의 주관적 관점이 개입되기 때문에, 평가자 자신의 유창성에 대한 지식이 없다면 제대로 평가가 이루어지지 못하기 때문이다. 신뢰성이 담보된 평가를 위해서도 학습자의 유창성 습득 과정을 이해하는 것은 필요하다.

학습자의 관점에서 외국어를 학습하는 최종적인 목표는 '유창한 외국어 능력'을 습득하고 표현하는 일일 것이다. 이 능력에는 읽기,

듣기, 말하기 및 쓰기가 포함된 종합적인 외국어 구사 능력을 의미하지만, 일반적으로 표현영역에 속하는 말하기와 쓰기가 최종 목표가 된다. 특히 쓰기보다는 말하기 기능이 주가 되는 일상생활에서는 의사소통에 유창한 말하기 능력이 필수적이다. 이런 관점에서 본다면 '유창한 외국어 능력'이란 곧바로 '유창한 외국어 말하기 능력'을 의미한다고 할 수 있다.

지금까지는 외국어 학습 분야에서 '말하기' 능력은 상대적으로 소외되어왔는데, 이는 우리나라에서의 외국어 교육이 주로 문어 중심 언어 교육(written-oriented language education)으로 이루어져 왔기 때문이다. 이 경향은 외국어로서의 한국어 교육보다 영어교육에서 명확히 드러나는데, 이는 산업계가 요구하는 인재상과 배치되는 측면이 있다. 즉, 오늘날 각 산업현장에서는 좀 더 '유창한 외국어 말하기 능력'을 지닌 인재를 구하고 있다. 이미 대기업에서는 토익같은 듣기 및 독해 능력 중심의 시험보다는 OPIc같은 영어 말하기 능력 시험을 선발 기준으로 삼은지는 상당히 오래되었다.

외국어로서의 한국어 시험에서도 점차 의사소통의 근간이 되는 말하기 영역을 도입하려는 시도들이 증가하고 있다. 이는 외국인 유학생들이 졸업 후 우리 사회로 진출하는 경향이 강해짐에 따라, '유창한 한국어 말하기' 능력을 객관적으로 판정하려는 수요가 더불어 증가하고 있기 때문이다. 결국 의사소통의 핵심이 말하기를 통한 대화라고 본다면, 앞으로 외국어 영역에서 말하기 평가는 중시할 수밖에 없고, 특히 이 능력에서 중요한 영역을 차지하는 유창성 평가는 핵심이 될 수밖에 없는 분야이다.

이런 이유로 본서는 '유창성이란 무엇인가'에 대한 흥미로운 여정을 시작하려고 한다. 대상언어는 주로 외국어로서의 한국어 및 영어이다. 이 두 언어를 비교하는 이유는 유창성 습득 및 평가에 개입된 범언어적인 측면과 개별 언어적인 요소들을 두루 살펴볼 수 있기 때문이다. 여기에 등장하는 발화 집단은 자연스럽게 목표어가 영어인 한국어 원어민 영어 학습자들과, 한국어가 목표인 영어/중국어/일본어 원어민 한국어 학습자들이고, 평가집단도 영어 원어민 영어 평가자들과 한국어 원어민 한국어 평가자들로 구성되었다. 이 실험 결과를 통하여 외국어 유창성의 전반적인 이해와 평가 능력을 키우는 데 도움이 될 것이다.

1.2. 말하기 능력과 유창성

유창성을 포함하는 말하기 능력이란 '의사소통 능력'을 의미한다. 따라서 외국어 말하기 능력은 외국어를 사용하여 해당 언어 원어민을 포함하는 외국어 사용자들과 자유로운 의사소통이 가능하게 하는 것이다. 의사소통 능력은 문법적 능력, 담화 능력, 사회언어학적 능력, 그리고 전략적 능력으로 구성된다(Brown, 2014). 문법적 능력이란 문장 수준에서 문법뿐만 아니라 어휘, 의미, 발음 구조 관련성을 의미하고, 담화 능력은 통합된 의사를 전달하기 위하여 어휘 및 문장의 선택, 배열, 순서를 적절히 구조화하는 능력을 의미한다. 사회언어학적 능력이란 다양한 사회적 맥락 속에서 해당 언어를 적절하고 적합하게 사용하는 능력을 뜻한다. 마지막으로 전략적 능력이란 적절한 의사소통을 보완하기 위하여 발화 이외의 몸짓, 표정, 움직임, 톤, 눈 움직임을 사용하는 기법으로, 재구조화, 추측하기, 반복 등을 통하여 효율적인 의사소통을 꾀한다. 이러한 네 가지 능력이 적절히 조화되었을 때 의사소통 능력을 증진할 수 있다.

이 의사소통 능력의 전반적인 구어 수행(oral competence)이 바로 유창한 말하기 능력이다. 외국어 습득 영역에서 '유창성' 개념을 정의하기란 매우 어려운 일이다. 이는 외국어로서의 유창성이 독자적으로 존재하는 것이 아니라, 모국어 유창성과 상대되는 개념으로 추론해야 하기 때문이다. 즉, 우리가 외국어 학습자의 발화가 유창하다는 의미는 암묵적으로 모국어 화자의 발화와 비교하여 평가하는 것인데, 모국어 발화에서의 유창성이란 개념적으로 성립할 수 없다. 이는 모국어 화자의 유창성 자체가 생득적으로 얻어짐으로써 모국어 화자들은 모국어 발화에 대하여 누구나 유창하다고 여겨지기 때문이다. 예외적으로, 모국어에 관한 유창성 연구가 일부 존재하기는 하지만, 이는 발화 장애가 있는 피험자들을 대상으로 하는 것으로서 일반화하는 데 어려움이 있다.

모국어에서의 유창성을 배제하고 외국어 분야에서의 유창성 개념을 독자적으로 정의하고 발전시키려고 하다 보니 혼란이 생기는 것은 너무나 당연하다. 이러한 혼란에도 불구하고, 오늘날 유창한 외국어 발화 능력 습득과 이를 평가하는 평가 방법론에 대한 수요가 많아지고 있다. 이는 이민자나 유학생의 급증으로 인하여 이들의 언어 수행 능력을 평가할 필요성이 커지고 있기 때문이다.

1.3. 유창성 이해성 명료성 액센트

유창성 이해를 위해서는 유창성 개념이 말하기 영역에서 차지하는 위치를 정확히 파악해야 한다. 이 개념은 발화(uttering)와 발음(pronunciation) 두 영역 어딘가에 위치하는 것으로 보아야 한다. 발화란 '소리를 내어 말을 하는 현실적인 언어 행위. 또는 그에 의하여 산출된 일정한 음의 연쇄체'를 의미하지만, 발음이란 '음성을 냄. 또는 그 음성'을 의미한다. 즉, 발화란 소리를 바탕으로 이루어지는 '언어 행위'에 주안점을 두지만, 발음이란 '소리 음성' 그 자체에 중점을 둔다는 것을 알 수 있다.

영미권 연구에서는 유창성을 발음(pronunciation) 영역의 하나로 본다. Derwing · Rossiter · Thomson(2004)과 Munro · Derwing(1995, 2006)은 외국어 발음 평가를 유창성(fluency), 이해성(comprehensibility), 명료성(intelligibility), 외국인 액센트(foreign accent)로 나누어 진행하였다. 유창성이란 자동적인 발화 및 인지과정을 의미하고, 이해성은 모국어 청자가 외국어 발화자의 발화를 이해하는데 어려움 정도를 의미한다. 주로 라이켓 척도(Likert scale)로 산출되는 이해도는 명료성과 관계있다. 명료성이란 발화자의 메시지에 대한 청자의 세밀한 이해 정도를 나타낸다. 이해성과 다른 점은 이해성이 척도로 표현되는 반면에, 명료성 측정은 주로 받아쓰기를 통하여 평가한다는 점이다. 외국인투 액센트(accentedness)는 외국인 발화에 묻어나는 액센트가 원어민 청자 이해에 어느 정도 영향을 미치는지를 측정하는 용어인데, 동일한 척도로 표시된다. 영역의 세분화에도 불구하고, 이 개념들은 인지 측면에서 하나의 '연속성'으로 이해되기 때문에 명확하게 구분되는 것은 아니다. 다음은 유창성, 명료성, 이해성에 대한 간단한 요약이다.

유창성: 유창성이란 말을 할 때 더듬거리거나 망설이지 않고, 자연스럽게 물 흐르듯 끊김 없이 말하는 능력을 일컫는다. 유창성 평가에서는 휴지구간 및 빈도, 머뭇거림, 발화 속도, 발화 시작점 등을 중점적으로 살펴본다. 즉, 자주 혹은 긴 휴지 구간, 과도한 머뭇거림, 느린 발화 속도, 잘못된 발화 시작점 등은 유창도 평가에 부정적인 영향을 미친다.

명료성: 명료성이란 발화자의 발화된 단어나 어구를 청자가 인식하는 정도를 의미한다. 따라서, 명료성 측정은 명료한 발음 인식에 기인하는 분절적(음운 정확성, 음절 명료성) 및 초분절적 요소(억양, 강세 등) 등이 중요하다.

이해성: 이해성이란 발화자의 외국어투 발화에 대하여 청자가 이해함에 있어서 쉬움 혹은 어려움 정도를 의미한다. 이 이해도 영역에서는 발음영역뿐만 아니라, 의미론적 사회언어학적인 발화 환경의 맥락, 의미, 의도 등도 포함된다.

유창성을 좀 더 명확하게 이해하기 위하여 주변 개념들을 자세히 살펴볼 필요가 있다. 명료도는 원래 언어치료학 분야에서 사용된 용어로, 발화의 불명료함 정도를 측정하는 용어였다(Kent, Miolo, & Bloedel, 1994). 제2 언어습득 분야에서 명료성 측정은 원어민의 받아쓰기를 통하여 단어들의 정확한 표기 수준을 측정함으로써 명료도 정도를 나타낸다(Bent & Bradlow, 2003; Burda et al, 2003). 이해성은 발화를 이해하는데 나타나는 어려움 정도를 라이켓 척도 5~9 단계로 표시하기 때문에, 종종 '외국인투(accentedness)'와 혼용하기도 한다(Derwing & Munro, 1997). 주로 이 세 가지 요소가 외국어 습득 정도를 나타내는 지표로 사용한다.

일반적으로 외국어 습득 정도를 나타내는 유창성, 명료성, 이해성은 발달 단계가 일치하지 않을뿐더러, 관계 정도가 서로 다른 것으로 나타난다. Munro · Derwing(1995)은 외국어로서의 영어 학습자의 발화에 대하여 외국인투 액센트, 이해도, 명료도 측정을 하였다. 외국인투 액센트는 이해도에 큰 영향을 미치지 못하지만, 명료도와 이해도는 매우 밀접한 관계를 가지고 있다고 보고하고 있다. 흥미로운 점은 이러한 측정 요소들이 L2 학습자들의 목표 언어별로 다른 결과가 도출된다는 것이다. Derwing · Munro(1997)의 연구에 의하면, 중국어, 일본어, 폴란드어, 스페인어 배경을 지닌 학습자들이 이 네 가지 언어습득에 따른 이해도를 평가하였다. 그 결과 중국어 원어민들은 일본어에, 일본인 원어민들은 중국어에, 폴란드 원어민들은 스페인어에, 스페인 원어민들은 폴란드어에 이해도가 높다고 보고하고 있다. 이는 배경 언어-목표어별로 이해도 발달이 다를 수 있다는 점을 암시한다는 점에서 의미 있는 연구이다. 일반적으로 유창성, 명료도, 이해도는 유사한 발달 단계를 거치지만, 각 언어별로 다른 것으로 보인다.

유창성을 이해도, 명료도, 외국인투 액센트와 비교해 본다면 발음 영역으로 생각하기 쉽다. 그러나 이 유창성 정도를 '평가'하는 행위가 덧붙인다면 이는 소리 음성을 바탕으로 하는 '언어 행위'에 포함되기 때문에, '발화'의 개념에서 유창성을 바라보아야만 한다. 이는 '정확성', '명료성', '외국인투 액센트'가 명확하게 '발음 영역'으로 구분되는 것과 다른데, 이런 이유로 말하기 평가에는 유창성 영역 평가는 일반적으로 포함된다.

1.4. 유창성 정의

유창성이란 기본적으로 '언어는 흐름이다(language is motion)'라는 생각을 배경으로 하고 있다. 그런데 이 흐름이 어떤 언어학 영역이 개입되어 있느냐에 따라 정의가 달라진다. 즉, 언어학적으로 통사론, 의미론, 음성학/음운론, 인지언어학, 화용론, 사회언어학 등의 언어학 전반에 걸친 종합적인 의사소통 측면에서의 광의적인 접근 방법으로 파악한다면 '언어 능력(language proficiency)'을 의미하지만, 음성학, 음운론, 인지언어학 중심의 발화 중심적인 협의적 접근 방법으로 본다면 '구어 능력(oral proficiency)'을 뜻한다. 따라서 유창성 정의는 광의의 개념과 협의의 개념으로 나누어서 바라볼 수 있다.

Lennon(1990)은 광의의 의미로 유창성이란 외국어 학습자의 어휘, 문법, 발음 등에서 원어민과 동등하게 의사소통할 수 있는 능력이며, 협의의 의미에서는 어휘나 문법을 제외하고 발음 중심의 자연스러운 흐름을 의미한다고 하였다. 광의적인 의미에서는 모국어만큼 외국어로 생각을 자유롭게 표현하는 능력, 외국어투 없이 발화하는 능력, 광범위한 어휘를 사용할 수 있는 능력, 혹은 문법적인 실수가 거의 없이 발화로 표현하는 능력을 포함하는 것이라고 정의를 내렸다. Segalowitz(2010)는 유창성이란 '어떤 생각을 모국어 사용자의 구사 능력 수준으로 외국어 환경에서도 표현할 수 있는 능력, 외국인 액센트나 억양이 거의 드러내지 않고 표현할 수 있고, 다량의 어휘를 구사할 수 있으며, 문법적인 실수가 거의 없이 표현할 수 있는 능력'이라고 하였다. 따라서 광의 측면의 유창성 평가는 음성학/음운론 측면과 아울러 통사론, 의미론, 화용론, 사회언어학 등 종합적으로 다루기 때문에 정확성(accuracy)과 복잡성(complexity)을 포함하는 개념으로서의 언어능력(language proficiency)을 의미한다. 이 광의 측면의 연구의 한 예로는 Nation · Newton(2009)이 있다. 이들은 청취자 이해 측면에서 유창성을 검토하였다. 유창성이 증가하는 경우를 세 가지로 언급하였는데, (1) 적정한 속도가 뒷받침되는 조건에서 '의미 환경'에 몰입할 때, (2) 학습자가 기존 지식을 이용할 수 있고, 그가 학습한 어휘를 사용할 수 있을 때, (3) 학습자의 이해와 속도가 빠르고, 주저함이 감소할 때, 그리고 (4) 평상시보다 계획된 어휘 뭉치 다발을 사용할 때, 유창성이 증가한다고 보았다. 이 연구는 유창성을 결정하는 요소는 사회언어학, 의미론, 인지언어학, 통사론 등 다양한 관점에서 접근하여야 한다는 점을 보여주고 있다.

반면에, 협의의 개념은 발화, 즉 음성학적/음운론적 측면에 중점을 둔다. 이 측면에서 '유창성'이란 기본적으로 '소리의 연속적 움직임(motion)'이라는 생각이 깔려있다(Kormos, 2000). 자연스럽게 유창성(fluency)이란 외국어 발화자의 '자동적인 발화 흐름'에 대하여 모국어 청취자의 '물 흐르는 듯한 유창한 발화 여부 판단'을 의미하는 용어로 정의한다(Derwing, Rossiter, Thompson, 2004). 협의적인 의미에서 '소리 흐름'에 대한 관심은 자연스럽게 이 발화를 구성하는 음성학적 신호들을 찾는 연구에 집중하게 된다. Thornbury(2005)는 휴지 신호를 기반으로 유창성을 정의 내렸다. 그의 주장은 휴지 구간은 길 수는 있지만 흔하지 않아야 하며, 간투사(발화속에 포함된 '어', '음', 'sort of' 등 무의미 발화)들은 휴지를 보완하기 위하여 사용할 수 있고, 특히 이 휴지는 의미 있는 전환 신호로 이용될 수 있다고 하였다. 즉, 적절한 휴지 신호 사용은 유창성 판단에 커다란 영향을 미친다고 보았다.

본 저서에서는 '유창성' 정의를 Derwing · Rossiter · Thomson(2004)과 Rossiter(2009)의 연구를 받아들여 좀 더 협의 측면에서 설정하였다. 즉, 이들은 협의 측면에서의 L2 유창성은 발화 속도와 자연스러움으로 구현되는 구간 신호 현상으로 개념화할 수 있다고 하였다. 이러한 정의를 바탕으로 본 저서에서는 유창성의 주요한 요소를 이루는 발화 속도, 휴지 구조, 발화 지체 구조 위주로 각각의 신호들을 소개하고, 일부 샘플 외국인 발화 분석을 통하여 각 신호의 측정치가 유창성 평가에 어떤 영향을 미치는지를 다루었다.

1.5. 유창성 평가

유창성 평가는 1970년대 Fillmore 이래로 많은 학자들이 관심을 가졌다. 이 분야의 고전적인 연구인 Fillmore(1979)에서는 유창성 판단에서는 다음의 네 가지 영역을 고려해야 한다고 지적하였다. 즉, 최소한의 휴지 구간 및 간투사(you know, that is, a sort of 등)사용으로 밀도 높은 의미를 지닌 메시지 전달력, 맥락에 맞는 화제 사용, 그리고 메세지를 창의적이고 상상력이 풍부한 어휘로 전달하는 능력이라고 지적하였다. 이를 종합해보면, 유창성 판단에는 화자의 의도를 정확한 의미로 전달하는 의미론적 요소, 적절한 대화 맥락을 구사하는 화용론, 최소한의 휴지 구간 및 간투사 사용을 의미하는 음운론, 어휘의 선택을 좌우하는 통사론적 요소들이 종합적으로 개입되어 있음을 알 수 있다. 유창성 정의에는 각기 다른 영역을 포함하는 것처럼 보이지만, 실제로는 '유창한 흐름'을 기저에 깔고 있다는 점을 주목해야 한다.

이 '유창한 흐름'에 대하여 주관적이고 자의적인 요소가 개입될 수 있는 의미론적 화용론적 요소를 배제하고, 실제적이고 객관적인 측정 방법을 통하여 유창성을 측정하려는 시도들이 있었다(Segalowich, 2010). 이는 평가상에 나타나는 추상적인 어휘들 때문이다. Luoma(2004)는 '유창한 흐름'에 중요한 요소인 휴지와 지체 평가 요소 연구에서, '과도한 휴지' 혹은 '지나친 지체'라는 표현의 '과도한'

혹은 '지나친'이라는 표현은 질적(qualitative)이고 주관적인 표현에 속하며, 발화자보다는 청취자의 입장에서 기술된 것이라고 주장하였다. 외국어 유창성 평가가 좀 더 객관적이고 계량적인 모습을 담기 위해서는 음성학/음운론에 기반을 둔 인지 언어학적 요소 도입이 필요하다. Segalowich(2010)는 제2 언어습득에서 유창성은 실시간 발화 행위의 관찰 가능한 특징으로 보았다. 이 행위는 기본적으로 사회언어학적 맥락을 통하여 시간의 흐름 위에서 발화자의 신경학적/근육공학적 구현이기 때문이다. 이 구현은 발화의 특정 시점에서 발화자 발화의 인지언어학적 메카니즘을 여러 도구를 이용하여 파악할 수 있다는 것이다.

인지언어학적 메커니즘을 이해하는 도구는 정말 다양하다. 뇌파 측정기, 신경 안정기, 아이 트레킹(eye tracking) 등 의료 기술 발달로 이 분야의 기구들이 점차 다양해지고 이용할 수 있게 되었다. 그러나, 우리가 쉽게 접근 가능하고, 비용도 무료이면서, 발화라는 본래의 성격에 부합되는 최적인 방법은 음성학적인 음향 분석기를 이용하는 방법이다. 즉, 음성학적인 신호를 이용하여 유창성 발화 여부를 음향 분석기 프로그램을 이용하여 판단하는 것이다. 이는 지금까지 유창성 판단이 주로 인지 측면에서 접근했던 방법론에서 과학적인 분석 측면으로 영역을 확대하는 것이다.

정리

1. 의사소통 능력은 문법적 능력, 담화 능력, 사회언어학적 능력, 그리고 전략적 능력으로 구성된다.

2. 의사소통 능력의 전반적 구어 수행(oral competence)이 말하기 능력이다.

3. 외국어 발음 평가는 유창성(fluency), 이해성(comprehensibility), 명료성(intelligibility), 외국인 액센트(foreign accent)로 나누어 진행한다.

4. 유창성이란 말을 할 때 더듬거나 망설이지 않고 자연스럽고 자신감 있게 말하는 능력을 지칭한다. 여기에서의 유창성은 L2로서의 유창성을 의미하며, 모국어 사용자와 비슷한 정도의 발화 속도, 휴지, 발화 지체 등의 구간 신호 등의 요소를 포함한다

5. 유창성은 광의의 의미로 외국어 학습자의 어휘, 문법, 발음 등에서 원어민과 동등하게 의사소통하는 능력이며, 협의의 의미에서는 발음 중심의 자연스러운 흐름을 의미한다.

6. 유창성 측정은 음성학적/음향학적 방법을 기초로 음성 분석기를 통하여 측정한다. 따라서 이 측정에는 기본적인 음성학적/음운론적 지식이 요구된다.

2. 발화 유창성

유창성은 크게 발화 유창성(utterance fluency)과 인지 유창성(perceived fluency)으로 구분할 수 있다. 발화 유창성이란 청자의 인지를 통한 유창성 판단에 영향을 미치는 발화자의 발화 특징을 의미하며, 음향학적인 측정이 가능해야 한다. 인지 유창성은 발화자의 발화에 대하여 청자의 인지를 바탕으로 이루어지는 주관적 해석이라고 할 수 있다.

이 장에서는 발화 유창성 측정을 가능하게 하는 음성학적 기초 지식과 이를 바탕으로 한 유창성 신호를 살펴보려고 한다. 음성학적인 분절적 측면에서 영어와 한국어에서 나타나는 자음과 모음의 특징을 살펴보고, 이어서 이들의 음향적인 특징을 다룰 것이다. 초분절적인 측면에서는 운율, 강세, 억양 등을 다룰 것이다. 이들 음향학적인 신호들은 유창성 신호와 직, 간접적으로 연결되어 있다. 마지막 부분에서는 학계에서 다루어지는 유창성 신호들을 소개하고 음성학적 신호와 유창성 신호와의 관계를 다루고자 한다. 특히 유창성 신호중에서 범언어적으로 중요한 몇 가지 신호들에 대하여 자세히 설명하고자 한다.

2.1. 음성학적 기초

분절적 요소

일반적으로 유창성 발화 신호들은 음향 신호 유형에 따라 구간 신호(발화 속도, 조음 구간, 휴지 구간 등)와 스펙트럼 신호(포만트 구조, 기본 주파수 등)로 나누거나, 음운론적 분절 개념을 이용하여 분절음 요소(조음 구간, 음절 구간, 휴지 구간 등)와 초분절음 요소(억양, 액센트, 강세 등)로 나누기도 한다. 혹은 일부 학자들은 응용언어학적 측면에서 유창성 신호(발화 속도, 저음구간, 휴지 구간 등)와 운율 신호(포만트 구조, 기본 주파수 등)로 나누기도 한다. 이런 분류 방법은 음성학적 음향 특징(구간/스펙트럼 신호), 언어 구조(분절음/초분절음), 응용언어학적 요소(유창성/운율 신호)의 각 관점에 따라서 달라질 수 있다.

여러 분류 방법 중에서 음성/음운론적 측면인 분절적 요소와 초분절적 요소로 나누어서 여기에 속하는 신호들이 유창성 판단에 미치는지를 살펴보고자 한다. 지금까지 분절적 측면 연구로는 분절음 조음 구간(Kormos, 2000), 스펙트럼 신호(Bradlow, Torretta, Pisoni, 1996), 분절음 발음(Aoyama et al., 2004; Munro & Derwing, 2006) 위주로, 초분절적 연구로는 억양(Bradlow, Torreta, Pisoni, 1996; Mennen, 2006), 발화 속도(Guion et al, 2000), 휴지 구간 및 빈도(Holmes, 1995;

Riasantseva, 2001; Trofimovich & Baker, 2006) 위주로 연구가 진행되어 왔다. 이 연구들을 살펴보면 유창성은 좁은 범위에서는 분절음 단위의 발음뿐만 아니라 넓은 의미로는 구, 절, 단락 등의 상대적으로 광범위한 단위에 걸쳐서 나타나는 억양, 휴지, 강세 등의 초분절적 요소 등이 유창성 분석에 다루어졌음을 알 수 있다.

분절 정의

분절적 요소란 음절 단위의 요소를 말하는데, 음절의 정의에 대하여 살펴볼 필요가 있다. 음절에 대하여 Handel(1989)은 세 가지 관점을 제시하였다. 첫 번째로, 음절은 점차 감소하는 공명도에 맞추어서 분절음 주위의 공명 정점이나 세기 정점과 같은 물리적으로 정의될 수 있는 것으로 보았다(Selkirk, 1984). 그러나, 음성 분석기를 통하여 살펴보면 명쾌한 정점과 바닥을 명확히 구분하기가 어려운 경우를 자주 볼 수 있고, 발화 속도를 달리하면 이 물리적 신호들이 변화하기 때문에 공명도에 의한 음절 구분은 애매한 점이 있다. 둘째로, 음운론적 접근 방법으로, 음절은 모음 중심으로 허용된 자음이나 자음군으로 연결된 음소 결합으로 정의를 내리는 것이다. 당연히 자음이 없을 수도 있다. 굉장히 명료한 것처럼 보이지만, 이 접근 방법의 문제점은 영어같은 리듬 박자 언어에서 일부 자음은 양음절성(ambisyllabic)을 지닌다는 점인데, 말하자면 한 자음이 두 개 이상의 음절에 속하는 경우이다. 음절을 정의내리는 또 다른 접근 방법으로 Hayes(1984)는 율격과 운율 이론을 전개하면서, "운율은 율격 유형의 최종점에서 일대일 대응을 한다."라고 언급을 하였다. 이 정의에 의하면 음절은 두음(onset)과 rhyme(운모)로 나누어지는데, 운모는 핵(nucleus)과 말음(coda)으로 구분된다. 본서에서는 영어와 한국어를 동시에 다루고 있으므로 일반적인 의미의 율격 음운론을 바탕으로 분절음을 구분하고자 한다.

유창성 측면에서 분절음 요소 중에 조음 구간, 휴지 구간 등이 유창성 신호로, 그리고 모음에 구현되는 스펙트럼 신호 및 기본 주파수 등이 운율 신호로 구현된다. 그러나, 이들 신호의 정확한 이해를 위하여 영어과 한국어에 나타나는 자음과 모음의 특징을 살펴보는 것은 중요하다.

자음

범언어적으로 자음의 음향학적인 특징은 모음보다 더 복잡하다. 모음들은 구간이나 포먼트 유형같은 기본적으로 동일한 음향 특징을 지니지만, 자음은 자체가 지닌 음향 특징이 서로 매우 다르고, 따라서 단일 측정 도구로 모두를 일관적으로 기술하는 것은 어렵다. 일부 자음은 상당한 소음 에너지 구간이 존재하기도 하고, 어떤 자음은 소음 구성 요소를 지니고 있지 않다. 일부 자음은 성도의 완벽한 저해

구간을 유지하면서 만들어지고, 어떤 자음들은 성도를 좁힘으로써 만들어진다. 또한 일부 자음들은 음성 전송 통로가 완전히 구강만을 이용하지만, 어떤 음들은 음향 에너지의 비강(nasal cavity) 전송을 이용하기도 한다. 이러한 차이 때문에, 자음들은 조음과 음향 자질로 분류하여, 폐쇄음, 마찰음, 파찰음, 비음, 전이음, 그리고 유음 등으로 분류한다.

영어에서의 폐쇄음(stops)은 음소 /p b t d k g/, 마찰음(fricatives)은 /f v θ ð s z ʃ ʒ h/, 파찰음(affricates)은 /ʧ ʤ/이다. 폐쇄음, 마찰음, 파찰음은 저해음(obstruents)군을 형성한다. 이 음들은 성도의 급격한 협착(완전 폐쇄 혹은 좁은 개방)으로 만들어진다. 비음(nasal) 자음은 /m n ŋ/이고, 전이음(glide)은 /w j/이다. 유음(liquid)은 측음(lateral) /l/과 r－음(rhotic) /r/을 지니고 있다.

한국어인 경우 폐쇄음(막음소리)은 /ㅂ ㅃ ㅍ ㄷ ㄸ ㅌ ㄱ ㄲ ㅋ/ 등이 있고, 마찰음(갈이소리)은 /ㅅ ㅆ ㅎ/, 파찰음(불갈이소리)은 /ㅈ ㅉ ㅊ/, 비음(콧소리)은 /ㅁ ㄴ ㅇ/, 그리고 유음(흐름소리)은 /ㄹ/이 있다. 비음, 전이음, 유음은 공명음(sonorant) 혹은 비－저해음(nonobstruent)로 부른다. 영어와 한국어는 자음 체계에서 상당히 다른 점이 발견된다. 이를 조음 방법으로 나누면 다음과 같다.

폐쇄음

영어와 한국어 공통적으로 폐쇄 자음의 기본적인 조음 특징은 성도의 일시적인 폐쇄(blockage)이다. 폐쇄는 조음적인 폐쇄(occlusion)로 일어나는데, 한국어와 영어 모두 구강의 세 지점중의 하나에서 일어난다. 즉, 양순(bilabial), 치조(alveolar), 연구개(velar)이다. 영어와 한국어 가장 다른 점은 영어 폐쇄음은 유/무성으로 나눌 수 있고, 한국어 폐쇄음은 기식 및 긴장의 정도로 구분된다는 점이다. 이러한 차이에도 불구하고, 일반적으로 두 언어의 폐쇄음은 어두에서는 기식의 차이로 구분할 수 있다.

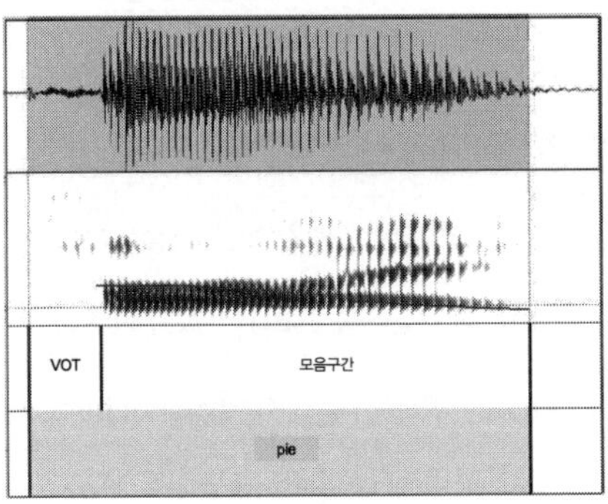

그림 1 영어 'pie' 발음

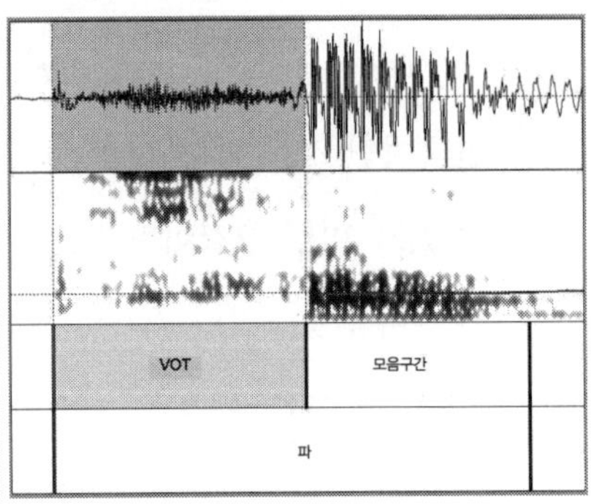

그림 2 한국어 '파도'의 '파' 발음

위 예시 발화에서, 영어의 [p]는 음절 발화 시작점에서 모음 발화 시작점까지 약 81ms를 보이는 반면에, 한국어 [ㅍ]는 약 101ms를 보인다. 일반적으로 영어에서의 기식 구간은 50~100ms 정도이며, 한국어의 기식은 80~130ms 정도로, 한국어의 기식 구간이 더 길뿐더러 소음 에너지가 더 강한 것을 알 수 있다(1000ms = 1초, 100ms = 0.1초).

어두에서의 기식을 음성 발화 지체 시간(VOT:voice onset time)이라고 한다. 이 VOT는 조음 방법뿐만 아니라 조음 위치와 상관관계를 갖는데, 짧은 VOT 수치는 전방 폐쇄(anterior closure)에서 일어난다. 조음 위치 효과는 범언어적으로 명백한데, 설정성(coronal) 폐쇄음과 연구개 폐쇄음 사이에는 평균 약 18ms 정도 차이가 있다(Cho & Ladefoged, 1999). VOT는 조음 위치에 대한 신호가 될 수 있다. 일반적으로, 양순음은 가장 짧은 VOT를 지니고 있고; 치조음은 중간 정도의 VOT를 지니고 있으며; 연구개음은 가장 긴 VOT를 지니고 있다. 따라서, 일부 학자들은 영어는 유성성(voicing)을 기준으로 하지만, 한국어는 기식성(aspiration)과 긴장성(tensity)를 기분으로 구분하기 때문에 영어권 화자들은 한국어 폐쇄음을 인지하고 조음하는데 어려움을 겪는다고 지적한다.

마찰음

폐쇄음과 마찰음을 비교해 본다면, 마찰음은 상대적으로 긴 소음 구간을 지니고 있으며, 바로 이 긴 준주기적(aperiodic)/비주기적(non-periodic) 에너지 구간이 마찰음의 음향적 특징이다. 영어인 경우 영어 마찰음 [s]구간은 평균 130~200 ms까지의 소음 구간 범위를 지니고 있다. 한국어인 경우 마찰음 [ㅅ]은 평균 150~230ms 까지의 소음 구간을 갖는다. 다음 그림에서 보는 것처럼 한국어 마찰음이 영어에 비하여 비교적 긴 마찰구간과 더 강한 소음 에너지를 지닌다.

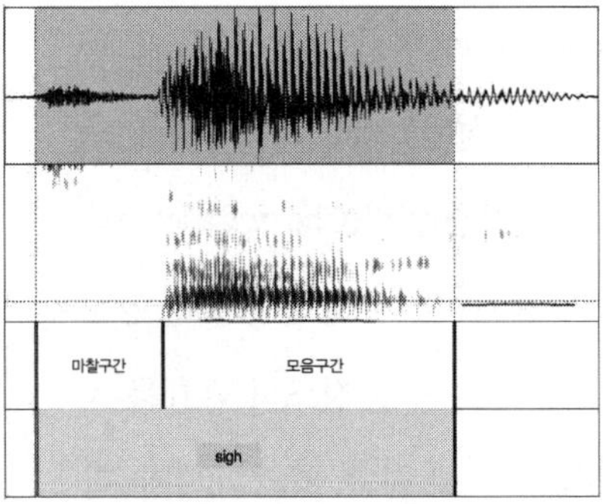

그림 3 영어 'sigh' 발음

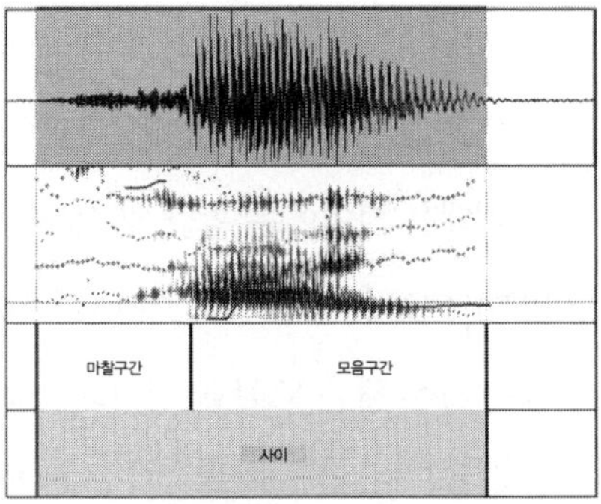

그림 4 한국어 '사이' 발음

영어에서는 마찰음이 9개가 존재하는 반면에, 한국어에서는 '/ㅅ/, /ㅆ/, /ㅎ/' 세 가지다. 영어 마찰음은 성도의 다섯 부분에서 만들어진다: 순치음(labiodental) – [f v], 설치음(linguadental) – [θ ð], 설치조음(lingua–alveolar) – [s z], 설구개음(linguapalatal) – [ʃ ʒ], 그리고 성문음(glottal) [h]이다. 이 마찰음은 조찰음(strident)[s z ʃ ʒ]과 비조찰음 [f v θ ð h]으로 구분한다. 한국어 치조음 '/ㅅ/, /ㅆ/'는 혀끝과 치조 사이에서 발음하는 치조 마찰음이다. 그리고 /ㅎ/는 성대를 긴장시켜서 발음하는 성문 마찰음이다.

영어인 경우 마찰음은 유무성성 측면에서 분리할 수 있다. 유성 마찰음 [v ð z ʒ]는 성대 진동의 준주기적(quasi–periodic) 에너지와

와류 소음의 비주기적(aperiodic) 에너지인 두 종류의 에너지 음원에 의하여 발생한다. 무성 마찰음은 비주기적 에너지의 음원에 의한 것이다. 유성 마찰음은 무성 마찰음보다 더 짧은 소음구간을 지니는 경향이 있다. 한국어 마찰음인 경우 영어의 무성 마찰음과 마찬가지로 비주기적 에너지에 의한 것이고, 영어 마찰음보다 에너지 강도가 더 크다.

비음

영어의 비음인 /m n ŋ/과 한국어의 /ㅁ ㄴ ㅇ/은 구강 폐쇄와 함께, 이 구강 폐쇄가 유지되는 동안 비강을 통한 음성 발산으로 만들어진다.

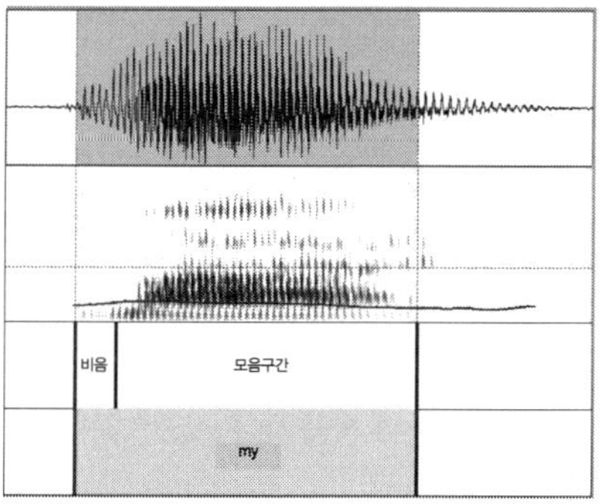

그림 5 영어 'my' 발음

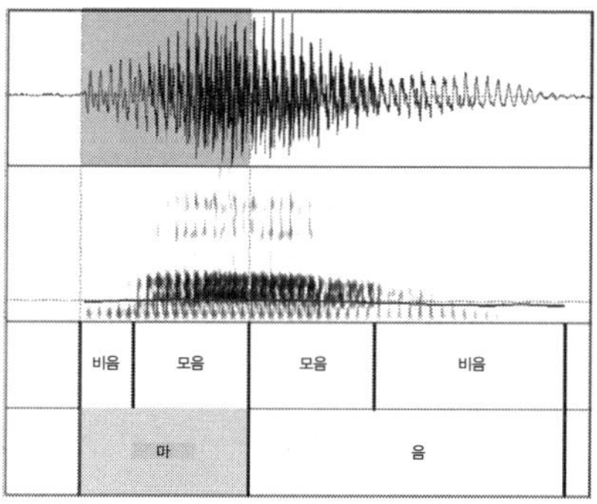

그림 6 한국어 '마' 발음

영어나 한국어에서는 비음 중에서 [m]과 [n]이 어두 위치에 나타나지만, [ŋ]은 음절 혹은 단어 첫머리에 나타날 수 없고, 이 세 비음은 공통적으로 어중이나 어말에는 나타날 수 있다. 영어 발화에서, 세 자음은 성인 현행 발화의 10%를 점하지만(Mines, Hansen, Shoup, 1978), 한국어에서는 그 비율이 조금 높게 나타날 것으로 추측된다. 한국어의 비음은 영어 음가와 큰 차이가 없어서, 두 언어 학습자들은 상대방의 비음을 발음하는 데 큰 어려움은 없다.

음향 신호의 비음화는 비음에만 적용되는 것이 아니라, 주변의 음, 특히 모음에 적용된다. 일반적으로 비음을 선행하거나 후행하는 모음은 어느 정도는 비음화되는 경향이 있다. 실험에 의하면 청자들은 모음 비음화에 매우 민감하고 이 정보를 주변 자음에 대한 인지 판단을 하는데 이용한다는 것을 보여주었다(강석한, 2018). 다시 말하면, 비음화의 음향 신호는 종종 비음 자음 경계 부분을 넘어서 발견된다.

유음

한국어의 유음 /ㄹ/과 영어 유음 /r/과 /l/은 폐쇄음과 비슷한 자질을 지니고 있을 뿐더러, 전이음과도 유사한 또 다른 특징도 지니고 있다. 한국어 유음 /ㄹ/은 세 개의 변이형을 갖는다; 종성 /ㄹ/과 다음 음절 초성에 /ㄹ/이 오는 경우 설측음 [l]로 발음되며, 어중에서 유음이 연속으로 나타나는 경우 구개음화된 설측음 [ʎ], 그리고 비어두 모음 뒤 초성 /ㄹ/은 탄설음 [ɾ] (예. *아리랑*)로 발음된다. 영어에서는 설측음 [l]이 나타나는 환경에 따라 '밝은 [l]'(예. *life, lay*)과 '어두운 [l]'(예. *soul, seal*)로 발성된다.

/l/이 음성학적으로 측음으로 여겨지는 것은 혀끝이 치경(alveolar ridge)이나 그 가까이에서 중앙선 폐쇄를 이루기 때문인데, 이 결과로 음성 에너지는 폐쇄 부분의 어느 한쪽(측면)으로 방출된다. 최소한 /r/의 몇 가지 변이들은 경구개 지점에서 성도의 좁힘으로 나타난다.

유음인 경우 한국인 영어 학습자가 영어 유음 /r/과 /l/를 발음하는데 어려움이 있다. 이는 영어 /l/과 /r/은 한국어 /ㄹ/과 상당히 다른 조음점과 조음 방법을 지니고 있기 때문이다. 영어 /l/은 발음 환경에 따라 '밝은 [l]'과 '어두운 [ɫ]'의 두 가지 변이음이 생긴다. 즉, 단어의 어두나 모음 앞에 위치하는 경우는 '밝은 [l]'로 발음되고, 이는 한국어 /ㄹ/과 상당히 유사한 조음점과 조음 방법을 갖는다. 문제는 'hall, fail, golf' 등 어말이나 자음 앞에 오는 경우 '어두운 [ɫ]'로 발음되는데, 이 발음은 혀 뿌리 부분을 앞쪽으로 이동하면서 내는 소리이기 때문에 한국어의 [으]발음과 유사하다. 또한 또 다른 유음인 영어의 /r/은 권설음으로 발음되는데, 혀 앞부분을 치조 위치로 들어 올리면서 발음되는데, 한국어에는 없는 발음이기 때문에 한국어 화자들이 발음하기에는 어려움이 있을 것이다. 영어권 화자들도 한국어 /ㄹ/을 발음할 때는 상당한 어려움이 존재한다. 즉, 이들은 한국어 유음 /ㄹ/이 세 개의 변이음으로 발음되는 환경을 이해하기 어렵다.

모음

한국어와 영어의 모음 음가는 모음수와 질에서 상당히 차이가 난다. 모음 수 측면에서 한국어 단모음은 8개인 /ㅏ/, /ㅐ/, /ㅓ/, /ㅔ/, /ㅗ/, /ㅜ/, /ㅡ/, /ㅣ/이며, /ㅚ/, /ㅟ/ 2개는 이중모음으로 발음한다. 영어는 지역별로 차이가 있는데 일반적으로 11~13개의 모음으로 구성된다. 즉, /i/, /ɪ/, /e/, /ɛ/, /æ/, /ɜ/, /ʌ/, /a/, /u/, /ʊ/, /o/, /ɔ/, /ɑ/, /ɒ/ 등이다. 한국어 모음수가 정해져 있는 반면에 영어 모음수가 가변적인 것은, 한국어는 알파벳 자체가 발음 기호로서 고정적인 반면에, 영어는 알파벳과 발음 기호가 정확히 일대일로 고정되지 않기도 하지만, 세계 각 지역별로 변이음이 존재하기 때문이다. <표1>은 단순화된 한국어와 영어의 모음 위치 비교표이다.

<표 1> 한국어 영어 모음 위치도 (Ladefoged, 2001; 박시균, 2013)

	전설모음		중설모음		후설모음	
고모음	i ɪ	ㅣ		ㅡ	u ʊ	ㅜ
중모음	e ɛ	ㅔ ㅐ	ɝ ɚ	ㅓ	o ɔ	ㅗ
저모음	æ		ʌ a	ㅏ	ɑ ɒ	

음운론적으로 이 모음들은 혀의 고저성(높낮이), 전후성(앞뒤), 긴장도, 원순성(입술 둥글기) 등의 자질로 분류할 수 있다. 단지 영어와

한국어 공통으로 적용되는 것은 고저성과 전후성이며, 긴장도는 영어에, 원순성은 한국어에 주로 적용된다.

혀의 높낮이를 3단계로 분류하면, 고모음, 중모음, 저모음으로 나눌 수 있다.

<표 2> 한국어 영어 모음 높낮이

	영어	한국어
고모음	I, ɪ, u, ʊ	ㅣ, ㅡ, ㅜ,
중모음	e, ɛ, ɜ, ə, o, ɔ	ㅔ, ㅓ, ㅗ
저모음	æ, ʌ, a, ɑ, ɒ	ㅐ, ㅏ

두 번째 분류는 혀의 전후 위치에 의한 분류이다. 구강 내에서 혀가 앞으로 위치하는 모음을 전설모음, 뒤로 위치하는 모음을 후설모음이라고 한다.

<표 3> 한국어 영어 모음 전/후설성

	영어	한국어
전설모음	I, ɪ, e, ɛ, æ	ㅣ, ㅔ, ㅐ
후설모음	ɜ, ə, ʌ, a, u, ʊ, o, ɔ, ɑ, ɒ	ㅡ, ㅜ, ㅓ, ㅗ, ㅏ

공통된 두 가지 분류 이외에도 영어는 긴장성, 한국어는 원순성에 의하여 분류한다. 원순성은 조음할 때 입술이 동그랗게 오므려지느냐 않느냐에 따라 원순모음과 비원순모음(평순모음)으로 나눌 수 있다.

한국어 모음에 존재하는 원순성에 의한 분류는 다음과 같다.

<표 4> 한국어 모음 원순/비원순성

	모음
원순모음	ㅜ, ㅗ (ㅟ, ㅚ)
비원순모음(평순모음)	ㅣ, ㅡ, ㅔ, ㅓ, ㅐ, ㅏ

당연한 예측이지만, 영어 원어민 한국어 학습자들이 원순/비원순 특징을 지니는 /ㅟ, ㅚ ㅔ, ㅓ, ㅐ/ 모음을 익히는 것은 무척 어렵다.

긴장성은 영어 모음에 주로 적용된다.

<표 5> 영어 모음 긴장/비긴장성

	모음
긴장모음	i, e, u
비긴장모음	ɪ, ɛ, ʊ

한국인 영어 학습자들은 영어 긴장/비긴장 모음을 분리하여 발화하거나 인지하는 데 매우 큰 어려움에 직면한다. 요약하면, 영어와 한국어 모음을 비교해 보았을 때, 고모음성과 전설성은 공통적인 특징이지만, 원순성은 한국어에만, 긴장성은 영어에만 존재한다는 측면에서 세부적인 모음 자질이 다르다는 것을 알 수 있다.

이중모음

한국어와 영어 자음/모음 분류에서 가장 다르게 나타나는 것이 이 부분이다. 영어에 나타난 두 개의 전이음 혹은 접근음(approximant)은 [w]와 [j]로 자음으로 분류하지만, 한국어인 경우 이중모음으로 분류된다.

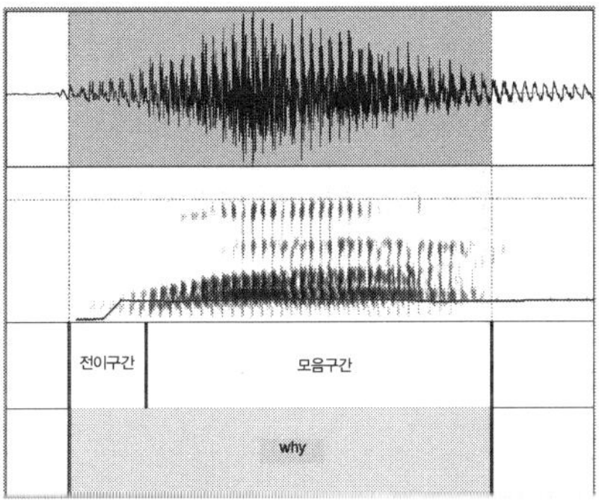

그림 7 영어 'why' 발음

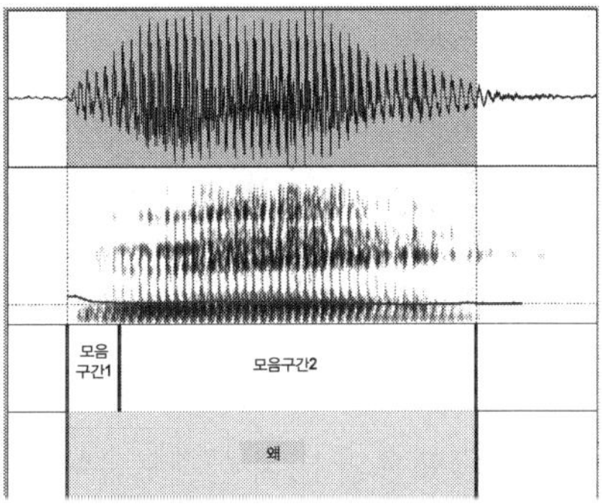

그림 8 한국어 '왜' 발음

영어에서 전이음 조음은 상당히 좁은 성도 형태에서 후행모음에 적합한 성도 형태로 비교적 느리게 진행하는 것으로 이해될 수 있다. /w/인 경우에, 입술 및 후설(lingua−dorsum)과 경구개(혹은 연구개)사이이다. 이런 이유로 인하여 /w/는 음성학적으로 양순−연구개 전이음으로 특징지을 수 있는데, 이는 고모음이며 후설모음인 /u/와 성도 형태가 매우 비슷하다. 이 전이음에 대한 입술과 혀 움직임은 처음부터 끝까지 긴밀한 협력으로 이루어진다. 전이음 /j/는 모음 /i/와 매우 유사한 성도 좁힘성을 지니고 있다. 혀는 고모음과 전설모음에 위치하며, 거의 경구개 앞부분과 접촉하고 있다.

인지 실험 결과는 전이음이 폐쇄음과 모음과 모음 전이의 중간 정도에 있음을 보여주고 있다. 전이음 /w/는 폐쇄음 /b/와, 모음 /u/와 다른 모음으로부터의 전이 사이에 있다. 전이음 /j/는 치조 폐쇄음 /d/와, 모음 /i/와 다른 모음으로의 전이사이의 중간 정도에 위치한다.

영어의 전이음에 대응하는 한국어의 이중모음은 주모음인 단순모음과 반모음(활음)으로 구성되어 있다. 이중모음이 단모음과 다른 점은 단모음의 안정된 모음 구간을 가지지만, 이중모음은 안정된 모음 구간 다음에 불안정하고 짧게 이어지는 반모음(활음)이 이어진다. 영어 측면에서 보면 반모음인 활음이 자음이기 때문에 이중모음 개념이 성립될 수 없다. 한국어 이중모음 중에 가장 대표적인 [w]계 이중모음과 [j]계 이중모음이 있다.

한국어에서 [w]계 이중모음은 [ㅜ]나 [ㅗ]가 결합된 형태이다. 따라서 /ㅘ/, /ㅝ/, /ㅙ/, /ㅞ/, /ㅚ/, /ㅟ/ 등 모두 6개가 된다. 이 이중모음 발음은 한국인 화자들도 정확히 발음하기가 어렵다. 이중 /ㅙ/, /ㅞ/, /ㅚ/의 세 발음인 경우 한국인 화자들은 모두 [we]로 발음하는데, 이는 /ㅔ/와 /ㅐ/의 합류 현상과 관계있다고 지적하고 있다(박시균, 2013). [j]계 이중모음은 /ㅑ/, /ㅕ/, /ㅛ/, /ㅠ/, /ㅒ/, /ㅖ/의 여섯 개의 음이다. 이 [j]계 이중모음은 [w]계 이중모음에 비하여 발음하기가 수월하다. 그럼에도, /ㅒ/, /ㅖ/는 [w]계 이중모음에서 보는 것처럼 /ㅔ/, /ㅐ/의 합류 현상 때문에 발음하기가 어렵다.

2.2. 음향적인 측면

유창성 판단에 영향을 미치는 분절 요소인 조음 구간, 휴지 구간 등과 운율 요소인 스펙트럼 및 기본 주파수 신호 등은 모음에 주로 발생한다. 따라서, 이들 모음 구간에 발생하는 유창성 신호와 관련된 포만트 구조와 구간 신호에 대하여 살펴보고자 한다.

포만트 구조

외국어 학습자들이 목표어에 접근할수록 목표어의 모음 구조에 가까워진다. 모음 구조를 살펴보는 신호는 포만트 주파수로 특징지을 수 있다. 즉, 모음은 F1, F2, F3 주파수로 스펙트로그램을 통하여 시각화할 수 있다.

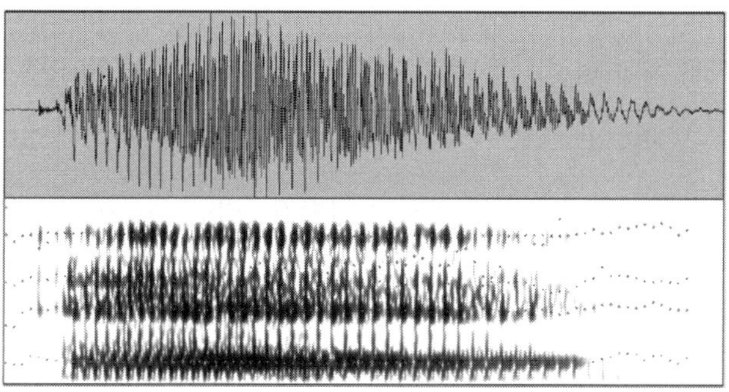

그림 9 모음 [æ]의 F1, F2, F3, F4 스펙트로그램 (맨 아래 점선에서부터)

모음 포만트 구조가 음절 발화에 직접적인 영향을 미친다고 알려진 것은 Hillenbrand · Gaybert(1993)에 의하여 이루어진 인지 실험이다. 일반적으로 모음 포만트 주파수가 모음 조음과 관계가 있는 것은, 주로 F1이 혀 높이에 따라 변하고, F2는 혀의 전-후(전후설성)에 따라 바뀐다. 따라서, 모음 포만트 형태는 모음을 구분하기 위하여 사용될 수 있고 음향적인 매개변수와 인지적인 매개변수 사이의 관계를 정립하는 데도 사용될 수 있다.

Miner · Danhauer(1977)는 다음 세 개의 모음 [i], [u], [a]에 대한 범언어적인 범위를 다음과 같이 보고하고 있다.

<표 6> 모음 [i, u, a]의 범언어적 F1, F2 범위

	F1	F2
[i]	1250~2500 Hz	2500~5000 Hz
[u]	80~160 Hz	160~315 Hz
[a]	630~1250 Hz	1250~2500 Hz

이 도표를 보면 범언어적으로 각 모음의 포만트 범위가 매우 넓다는 것을 발견하게 된다. 우리는 여기서 "포만트 주파수 측면에서 한국어의 /이/는 영어 모음의 /i/와 동일한가?"라는 의문에 도달하게 된다. 즉, 한국어의 /이/와 영어 모음의 /i/는 동일한 조음 위치를 갖는가 하는 점이다. 정답은 '아니요'이다. 즉, 동일한 IPA 기호로 나타난 모음에 대한 포만트-주파수 수치는 개별 언어별로 다르다고 할 수

있다. Disner(1980)는 모음 체계가 다른 언어인 경우, 한 언어의 평준화된 모음과 다른 언어의 평준화된 모음 비교는 유효하지 않다고 하였다. 즉, 쉽게 풀어 말하면 영어의 [i]와 한국어의 [이]는 다른 발화라고 하는 것이고, 당연히 외국인 발음 평가에 영향을 미친다.

이러한 차이점은 각각의 언어는 각기 다른 조음 형판을 지니고 있기 때문이다(Bradlow, 1995). 언어의 조음 형판은 분절과 분절 결합의 초분절 환경 설정을 반영하는 조음 환경인데, 예를 들어, 독일어의 후설모음은 F2가 낮아지기 때문에 영어를 포함한 다른 언어보다 일반적으로 더 안쪽으로 밀려들어 간 조음 위치를 지닌다.

모음의 포만트 구조가 중요한 것은 언어별로 모음 포만트 대역 인지가 다르다는 사실이다. 미국 영어에서 청자는 모음 포만트 주파수의 1%만큼 작은 변화를 발견한다는 것이다. 그러나 일본어인 경우 모음 포만트 주파수의 13% 정도의 큰 변화에서 차이를 발견할 수 있었다(Nakagawa et al., 1982). 한국어 모음에 대한 연구는 찾을 수 없어서 파악할 수 없지만, 영어보다는 일본어에 가까울 확률이 더 높다. 이는 한국인의 영어 모음 발음에 대하여 영어 원어민은 외국인 발음이라는 것을 더 잘 파악할 수 있다. 반면에, 영어 원어민의 한국어 모음 발화에 대하여 한국인 청자들은 외국인 발음이라는 것을 상대적으로 파악하기가 어렵다. 이는 모음 발음에 대한 유창성 판단이 언어별로 달라질 수 있음을 의미한다.

모음 구간

포만트 주파수와 스펙트럼 형태 이외의 또 하나의 중요한 매개변수는 모음 구간이다. 비록 구간 신호는 포만트 구조와 비교해 덜 중요하게 여겨지지만, 많은 유창성 연구들에서 물리적인 음성 신호의 단서로 이용되며, 발화자의 모음 특징으로 여겨지고 있다.

일반적으로 모음은 구간별로 매우 다르다. 모음 구간에 영향을 미치는 것은 모음의 긴장 정도, 모음 음높이, 음절 강세, 발화 속도, 선행 혹은 후행 자음의 유성성 및 조음 위치, 발화 위치나 단어 친밀도 같은 다양한 음운론적 요소들이다. 이런 특징 중에는 모음 자체가 지닌 긴장과 이완도, 음높이 같은 내재적인 요소들과, 강세, 발화 속도, 주변 자음 환경 같은 초분절적인 자질이나 음성 환경 등의 외재적인 요소 등에 의하여 결정된다.

Erickson(2000)은 모음 구간의 어떤 요소에 의하여 영향을 받는지를 두 개의 집단으로 나누어서 연구를 진행하였다. 연구 결과, 한 모집단은 단일 음절 내용어와 어휘 강세 음절이며, 다른 모집단은 단일 음절 기능어와 어휘 비강세 음절임을 밝혔다. 즉, 두 모집단은 문장 내 구간과 문장 종료 위치에서 비슷한 구간 길이를 보여주지만, 모음 후행 자음 유성성의 효과와 단어 위치는 내용어와 강세어의 모음 구간에서 중요한 예측 인자였다. 이 연구 결과는 모음 구간은 내적 외적인 환경에 의하여 서로 다른 영향을 미친다는 것을 보여준다.

비록 구간은 그 자체로 개별 모음 분류에 충분하지 않지만, 청자들이 /æ/와 /ɛ/ 같은 스펙트럼상 비슷한 모음을 구분하거나, 긴장 모음이나 이완 모음 같은 동일 범주 내에서 해당 모음을 구분하는 훈련이 도움이 된다는 것은 여러 실험이 보여주고 있다. Hillenbrand · Clark · Houde (2000)은 합성음을 사용한 모음 인지 실험에서 모음 구간의 효과는 /ɑ/ – /ɔ/ – /ʌ/ 모음군이나 /æ/ – /ɛ/ 같은 짝에서 매우 중요하게 구분하는 요소라고 결론을 내렸다. 그러나, 일부 구간에서의 모음 대조(예./i/ - /I/)는 명백하게 구간 신호에 의하여 영향을 받지 않는다. 결론적으로, 모음 구간이 모든 모음을 구분 짓는 특징이 될 수 없음을 이 연구에서는 보여주고 있다.

기본 주파수

기본 주파수(fundamental frequency)는 분절적인 측면에서는 모음에 발생하는 신호이며, 이 분절음들로 이루어진 초분절 단계에서는 음운론적인 억양을 구성하는 음향 신호가 된다. 이를 인지 측면에서는 피치(pitch)라고 한다. 기본 주파수는 언어내적인 모음 및 언어별로 약간의 차이가 있을 뿐만 아니라, 언어외적인 성별, 나이별로 다르다. 이러한 차이는 성대에서의 조금 동작과 관련이 있다.

모음은 언어에 따라 기본 주파수가 약간씩 다르지만, 범언어적인 공통점도 있다. 일반적인 법칙은 기본 주파수는 모음 높이에 따라 변한다는 것인데, 말하자면, 평균적으로 고모음은 저모음보다 다소 높은 기본 주파수를 지니고 있고, 성별로도 여성 그리고 어린이가 남성 그리고 어른보다 더 높다는 것이다.

Whalen · Levitt(1995)는 발성이 지니는 범언어적인 특징과 주파수 자체의 내재적인 측면에 관하여 연구하였다. 이들은 세계의 29개 주요 언어 계보 중에서 11개 어군에 나타난 31개 언어의 고유 기본 주파수를 조사하였다. 범언어적으로 평균 고유 기본 주파수(f_0) 영향은 남성인 경우 13.9 Hz, 여성인 경우 15.4 Hz였다. 게다가, 고모음의 높은 f_0와 저모음의 낮은 f_0의 일반적인 형태는 최소한 미국 영어에 있어서 나이와 성을 초월하여 일관성을 갖지만, 언어별로는 아닌 것으로 보인다. 즉, 언어별로 기본 주파수의 특징이 달라질 수 있음을 뜻한다. 이 연구가 의미하는 바는 기본 주파수는 목표어 유창성 판단에 유의미한 신호가 될 수 있음을 보여준다.

많은 연구자들이 모음간 기본 주파수(f_0) 차이에 대한 조음학적 측면에 관심을 기울였다. 이들은 조음 기반 이론(Honda, 1983)을 근거로 고모음에서 혀뿌리 상승은 설골(hyoid bone)을 앞쪽으로 이동시키며, 후두 발성에서는 후두의 긴장을 강화하는 효과를 불러일으키고, 갑상 연골(thyroid cartilage)의 전면 경사 부분도 긴장이 강화되기 때문에 고모음이 기본 주파수 상승이 설명된다고 하였다. 즉, 모음의 자질별로 다른 기본 주파수(f_0) 차이점의 근거는 음성 생리학에서 근거한다는 것이다.

초분절적 요소

일반적으로 유창성 평가에서 '분절 요소'보다는 '초분절 요소'가 더 큰 영향을 미친다고 알려져 있다. 이는 분절 요소가 음절 단위에서 발생하는 반면에, 초분절 요소는 비교적 길고 넓게 형성된 문맥 단위에서 발생하기 때문이다. 문맥(context)이란 음들의 집합 단위에서 발생하는 음성환경을 의미하는데, 이는 발화상의 주변음에서 발생하는 초분절적 특징을 포함하고 있다. 발화음은 주변음들과 독립하여 일어날 수 없다. 즉, 일정한 분절적 목표음은 일련의 음연속에서 일어나고, 이 주변음들이 목표음 발화에 영향을 미친다. 초분절음은 운율적인 특징과 여러 변이체들을 지니고 있으며, 이 변이체들의 효과는 개별 음성 요소 경계를 넘어선다. 초분절 특징은 음성 연결체에 덧붙여지며, 이 연결체에 표면상의 분리가 명확하지 않은 특유의 응집성과 통합성을 제공해 준다. 즉, 초분절음은 억양, 강세, 리듬(운율), 음 크기(강도), 속도에서 발생하는 일련의 음성 요소라고 말할 수 있다. 이 틀에서 개별적 음성 요소를 추출하는 것은 매우 어려운 일인데, 예를 들어 억양 요소에는 강세, 리듬, 음 크기 등의 각종 요소들이 결합되어 있다.

다음 그림은 초분절 요소를 구성하는 기본 주파수(f_0) 범위, 발화 속도, 경계 신호 등의 모습을 나타낸 것이다.

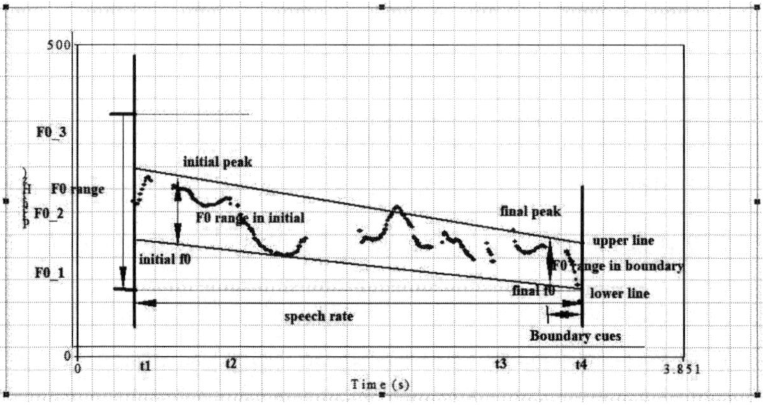

그림 10 초분절적 요소들: 기본 주파수(f_0) 범위, 발화 속도, 경계 신호(Kang, 2020)

이 그림에서는 한 문장의 발화를 통하여 기분 주파수(억양)의 모습을 보여주고 있다. 발화시 호흡을 배기하면서 발성하기 때문에 초반에 가장 강력한 에너지가 생긴다. 따라서 기본 주파수가 초기에 가장 높고, 후반에 갈수록 낮아진다. 그러나, 인지적으로는 후반에 살짝 올라가는 기본 주파수에 가장 강하게 반응하기 때문에 억양 강세는 끝부분에 온다고 할 수 있다. 이 그림의 가로축에는 발화 속도와 휴지 구간을, 세로축에는 기본 주파수 범위를 보여주고 있다. 끝부분에는 경계 신호가 나타나고 있는데, 여기에는 경계 구간에서의 음절 길이 및 기분 주파수 범위가 있다. 특기할 사항은 여기에 나타난 모든 신호가 유창성 판단에 동등하게 영향을 미치지 않는다는 점이다. 즉, 가로축에 나타나는 구간신호인 속도와 휴지 구조가 가장 유의미한 신호이며, 새로축에 구현되는 기본 주파수 범위, 최고 주파수, 일부 경계신호 등은 그 영향력이 적다.

운율

운율적인 특징이 유창성 판단에 영향을 미치는 것은 리듬감 때문이다. 운율적인 특징이 더 잘 나타나는 언어는 리듬 박자 언어인 영어이다. 예를 들어, "I'll send it to you."라는 단순한 문장을 발화한다고 해보자. 억양에 따라 서술문("당신에게 보내드릴 것이다"), 의문문("당신에게 드릴까요?"), 명령문("당신에게 줄거야"), 혹은 선택 의문문 "당신에게 드릴게요(책이요? 공책이요?)"와 같은 여러 정보를 지닌 문형으로 변환된다. 즉, 이 문장은 억양의 변화에 의하여 화자의 의도가 청자를 안심시키는 동의에서부터 명령, 선택까지 다양한 감정을 전달하고 있음을 보여준다.

동일한 서술문이라도 강세를 달리하면 여러 의미를 전달할 수 있다. 즉, "I'LL send it to him." "I'll SEND it to him." "I'll send it to HIM." 등으로 강세를 달리할 수 있다. 또한, 강세뿐만 아니라 it 다음에 휴지, to 다음에 휴지와 같은 여러 중간 휴지로 인하여 의미가 달라질 수 있다. 모든 이런 변화는 운율(prosody) 범주에서 일어난다. 즉, 운율은 유창성 판단에 영향을 미치는 기본 주파수(음성 피치), 강도(음 크기), 구간(길이) 등의 매개변수에 의하여 전달되는 운율의 초분절 요소로서 정의된다. 초분절 용어는 목표가 된 음성 분절에만 한정되지 않고, 더 큰 구간들인 음절, 단어, 구문, 문장, 그리고 문맥에서도 관측될 수 있다.

운율이란 용어는 정의하기가 매우 어렵다. 우선, 짝을 이루는 용어인 운율(prosody)과 억양(intonation)의 차이점부터 알아야 한다. 일부 학자들은 이들을 동의어로 여기지만, 어떤 학자들은 이 둘 사이에 중요한 차이점을 지적하기도 한다. 즉, 억양은 운율의 한 부분이라는 점이다. 억양은 매개변수가 성대 기본 주파수, 강도, 구간이라는 점에서 운율과 비슷하지만, 억양은 특정 언어의 피치(pitch) 상승과 하강과 강세 유형 같은 좁은 범위의 현상을 다루고 있다. 운율은 이런 변수들을 지니고 있으면서도, 또한 박자(tempo), 성대 작용, 음 크기, 그리고 음 세기와 같은 현상을 포함하고 있다. 일부 연구자들은 발화 속도를 박자의 한 부분, 즉 운율의 한 부분으로 포함하기도 한다.

강세

강세는 문장 구문에서 특정 음절의 돋들림 현상인데, 말하자면 강세 음절이 비강세 음절보다 음성학적/음향학적으로 더 세지고(음 세기), 더 높아지고(음 높이), 더 길어지는(음 길이) 것을 의미한다. 즉, 강세는 어휘 수준에서의 추상적인 자질을 의미하지만, 강도, 액센트, 구간길이는 음향에 관련된 음성 자질을 의미한다. 발화상 강세를 받는 음절은 강박자로 인식되기 때문에 강세 음절은 리듬 돋들림도 가지고 있다. 강세 현상은 한국어보다 리듬 박자 언어인 영어에서 더 유의미하게 인지에 영향을 미친다. 한국어는 단어의 첫 번째 혹은 두 번째에 고정적으로 강세를 갖는 고정 단어 강세 언어(fixed word stress language)로서 인지상 예측 가능하므로 음운론적인 변별적 의미가 없다고 할 수 있다.

영어에서 리듬은 단어나 구의 강세나 비강세 음절의 순환유형이다. 미국 영어에서 음절은 대개 강－약(SW: Strong Weak) 교체를 지니고 있는데, 이 교체형은 언어에 특정한 리듬을 부여하게 된다. SW 유형은 일반적인 경향을 나타내며, 이는 음보(foot)라 부르는 강세와 연결이 되는데, 음보는 SW 음절 짝을 나타낸다. 따라서, 율격이 교체되는 강－약 연결형으로 음절을 엮음으로써 발화의 율동적인 흐름이 나타난다. 이런 결과는 언어단위인 구나 문장의 끝에서 경계 신호로 더 증폭된다.

Kormos(2006)와 Segalowitz(2010)에서는 이 강세를 측정하는 유창성 신호를 '리듬감(pace)'과 '강세 간격비율(space)'로 나타내려고 하였다. 리듬감은 분당 강세 단어/음절 수를 나타내며, 강세 간격비율은 전체 단어 수에 대한 강세 단어/음절 비율을 나타낸다. 대개는 외국인 영어 초보자인 경우는 강세와 관련된 신호 구현이 매우 어려운 것으로 나타난다.

억양

단어를 넘어서는 문장 단위(억양구, intonational phrase)에서 음운론적인 변별적 기능을 제공하게 되는 음의 높낮이를 억양이라고 한다. 즉, 강세가 음절이나 단어에서의 높낮이를 의미한다면, 억양은 단어 단위를 넘어서는 문장에서의 높낮이를 뜻한다. 한국어에서 억양구는 마지막 음절에 구말 장음화와 경계 음조가 형성된다. 강세구에서는 주로 LHLH(low-high-low-high)나 HHLH(high-high-low-high)로 형성되며, 억양구는 LH(low-high) 혹은 HH(high-high)로 시작되는데, 경음이나 기식음으로 시작하면 H로 받기 때문에 강세가 변별적인 요소가 될 수 없다. 영어의 억양구(Intonational phrase) 억양 마지막 음절에 경계톤인 T%로 구현되며, 장음화 현상도 발생한다. 영어가 갖고 있는 다섯 종류의 억양 액센트는 후어휘 층위에서 담화상 혹은 의미론상 강조의 의미를 전달함으로 음운론적인 변별성을 갖는다. 이는 비교적 단순한 피치 액센트 구조를 갖는 한국어와 다른 점이다

억양 자체는 유의미한 음향 신호가 아니다. 이를 통계상 의미 있는 신호로 전환해 주는 것이 기본 주파수이다. 추상적인 억양을 발화상 음향 신호로 구현하는 것이 기본 주파수이기 때문에, 평균 주파수와 피치(pitch) 범위가 유용한 초분절 측정 요소이다. 평균 주파수가 음향적인 분당 성대 진동 횟수의 평균을 의미한다면, 피치는 기본 주파수의 인지 측면을 고려한 신호이기 때문에 피치 범위가 음운론적인 억양 특성을 더 잘 나타낸다고 할 수 있다. 즉, 발화 측면

에서 억양이 단순히 기본 주파수의 높낮이를 의미하지만, 피치 범위는 억양을 이루는 기본 주파수의 범위를 의미하기 때문이다. 이 피치 범위는 목표로 하는 문장이나 구에서 가장 낮은 기본 주파수와 가장 높은 기본 주파수 범위를 측정하는 것이다. 이 요소는 화자의 모국어(Luoma, 2004; Mennon 2006)나 학습자의 목표어 습득 정도에 영향을 받는다고 알려져 있다(van Bezooijen, 1995; Scherer, 2000).

일반적으로 각 언어권에는 그 언어에 특화된 '발화 이미지'를 가지고 있고, 화자들은 각 의사소통 환경에 투사된 발화 이미지를 반영하는 피치 수준 및 범위를 갖는다(Ohara, 1992). 또한, 각 언어권별로 발화/청취시 다른 피치 범위를 갖는 것으로 알려져 있다(Mennon. 2006). Eckert · Laver(1994) 연구에 의하면, 영어는 독일어보다 피치 다양성이 더 많고 범위가 더 넓다고 보고하고 있다. 또한 독일어 청자들은 영어 발화에 대하여 '높은 음역대'로 인식한다고 보고하고 있다. Kang(2013)은 한국인 영어 발화자는 영어 원어민보다 피치 범위가 약 60% 정도라고 보고하고 있고, 이는 모국어인 한국어 영향으로 보고 있다.

이와는 대조적으로 피치 범위는 외국어 학습자의 발화 능력에 달려있다고 주장하는 연구들도 많다(Backman, 1979; Willems, 1982). Backman(1979)의 연구는 스페인어 모국어를 둔 영어 학습자를 대상으로, 그리고 Jenner(1976) 연구에서는 네덜란드어를 모국어로 둔 영어 학습자를 대상으로 억양 구조를 연구하였다. 그 결과 모국어가 어떤 언어든지, 영어 습득에 있어서 초기에는 작은 피치 범위를 나타냈지만, 능숙도가 높아질수록 피치 범위가 넓어진다고 주장하였다.

흥미로운 사실은 한국어 원어민 영어 학습자이건 영어 원어민 한국어 학습자이건 목표어 유창성이 증가하면 할수록 피치 범위가 증가한다. 이는 초급 단계에서는 표현이 발화에 급급하기 때문에 매우 단조로운 억양을 보인다. 그러나 중급 정도에 진입하게 되면 자유로운 감정표현을 나타내기 위하여 풍부한 억양 곡선을 이용하기 때문에 피치 범위가 증가하게 마련이다. 종합하면, 언어 습득 초기에는 모국어가 지닌 기본 주파수 특징이 좌우하지만, 후기에 진입할수록 이 영향을 벗어난다고 할 수 있다.

2.3. 유창성 신호

유창성 신호는 엄밀한 의미에서 음성학적 신호들 중에서 초분절 요소(특히 구간 요소)와 밀접한 관계를 맺는다. 이는 유창성 여부를 판단하는 청자가 짧은 시간내에 이루어지는 분절 요소보다는, 분절 단위를 넘어서 구, 문장, 단락 등의 비교적 넓은 단위에서 이루어지는 초분절 신호에 더 큰 영향을 받는 것은 너무나 당연하다. 그리고 이 신호 중에서도 운율적인 요소를 나타내는 스펙트럼 신호보다는 시간적인 요소를 나타내는 구간 신호가 인지상 더 큰 자극을 준다.

범언어적으로 유창성 평가에 큰 영향을 미치는 요소로는 초분절 요소에 해당하는 '발화 속도'와 '휴지 구간'이라는 것에는 대체로 동의하고 있다(Derwing, Rossiter, & Thompson, 2004; Segalowitz & Freed, 2004; Kang & Ahn, 2014). Derwing · Rossiter · Thompson(2004) 중국어 원어민 영어 학습자들의 유창성 습득에 관한 연구에서는 '발화 속도' 와 '휴지 구간'은 유창성 판단에 중요한 역할을 한다고 보고하고 있다. 외국어로서의 한국어 유창성 연구에서도 구간 신호에 해당하는 '휴지(끊김)'와 '발화 속도'는 중요한 평가 요소이다(이향, 2013; 임우열, 김영주, 2014). 즉, 어떤 언어이건 간에 공통으로 발화 속도와 휴지 구간은 유창성 판단에 중요한 요소이다.

그러면, 이런 구간 요소가 유창성 판단에 어느 정도의 영향을 미칠까? Lennon(1990)은 4명의 독일어 원어민 영어 학습자들을 대상으로 6개월의 체류 기간을 사이에 두고 영어 사용 국가에서의 체류 전과 후로 나누어 유창성 정도를 비교 연구하였다. 이 피험자들은 체류 이전부터 어느 정도 영어에 익숙함에도 불구하고, 평가자들은 체류 이후에 유창성 정도가 더 상승했다고 평가하고 있다. 그는 발화 속도, 휴지, 간투사, 반복어 비율, 조음 속도 등을 측정하여 계량화하였다. 그가 발견한 사실은 발화 속도는 조음 속도(전체 발화 속도에서 묵음 구간을 제외한 순수 발성 구간)보다 휴지 구조(위치, 길이, 빈도)가 더 큰 관련성을 맺으며 유창성 평가에도 더 큰 영향을 미친다는 것이다. 그러나 자기 수정(self-correction)(자기 발화를 다시 수정하는 언어 행위) 정도를 측정한 실험에서 발화 속도와 자기 수정의 두 신호는 유창성 평가에 주요한 변수가 될 수 없다고 보았다. 이는 유창성이 증가하면 할수록 자기 수정 비율이 증가하는 것이 관찰되었기 때문이다. 그의 주장을 요약하면, 단순한 발화 속도와 휴지가 유창성 평가의 독립된 인자가 아니라, 여러 발화 요소의 결합일 수 있다는 것이다. 이는 단순히 발화 속도를 높이고, 휴지 구간을 줄이는 것이 유창성 증진에 무조건적인 효과를 가져오지는 않는다는 점에서, 그리고 구간 신호에 속하는 신호들이라도 환경, 발달 단계, 목표어 특징에 따라서 유창성 판단이 달라질 수 있음을 보여준다.

이러한 유창성 신호 위계는 범언어적으로 공통점도 있지만, 차이점도 있는 것으로 보인다. 즉, 영미권 연구에서의 영어 유창성 측정에서는 구간 신호와 더불어 운율 신호가 중요한 발화 유창성 요소로 작용하지만, 한국어 유창성 평가에서는 운율 요소는 거의 무시된다는 연구가 있다(Kang, 2015). 이는 기본적으로 목표어의 음운 구조가 유창성 평가에 영향을 미침을 알 수 있다.

신호 구성

목표어 학습자들의 유창성이 어느 정도인지 알기 위하여 모국어 청취자의 판단에 맡기기에는 너무 주관적이다. 이를 객관적으로 분석하기 위하여 음성학적 분절음과 초분절음을 이용한 신호 측정이 필요하다. 그런데 이 신호 측정은 연구자들마다 약간씩 다르다.

이 분야의 초기에 해당하는 연구는 Lennon(1990)의 4명의 독일어 모국어 영어 학습자의 유창성 발달 연구이다. 이 연구에서는 6개월간의 미국 체류를 통하여 얼마나 유창성이 개선되었는지를 측정하였다. 그는 유창성 지표로서 12가지의 신호들을 측정하였다. 이를 도표로 살펴보면 다음과 같다.

<표 7> 측정 신호(Lennon, 1990)

신호	정의	세부내역	측정 요소
발화속도	분당 단어수	총발화	자기 수정, 비언어적 발화 등 포함
		순수발화	비의미적 발화 제외

개입	총 발화에 개입된 무의미 발화	반복	반복된 발화
		자기 수정	선생 발화를 수정하여 재발화
		휴지	0.2초 이상의 끊김
무의미발화 비율	반복, 자기 수정 발화 비율		일정 발화의 반복 혹은 재반복
휴지	끊김	무의미발화 포함 휴지	머뭇거림 등 무의미 발화가 포함된 끊김
		순수휴지	순수한 끊김
순수발화 구간	휴지사이의 순수 발화 구간		휴지 사이의 발화
휴지특성	절(clause) 근방에서의 휴지	절사용 비율	휴지 이후에 오는 절 사용 비율
		전체 휴지구간 비율	절 경계에서 전체 휴지 구간 비율
		경계 휴지 구간	절 경계에서 평균 휴지 시간

Towell과 동료들(1996)은 영어 원어민 불어 학습자들 대상으로 무성 단편 영화에 대하여 설명을 하도록 하였다. 이들은 불어권 거주 경험자와 영어권 거주 경험자로 두 집단을 대상으로 학습 기간 1년을 기점으로 학습 초기(T1)와 후기(T2) 사이의 유창성 변화를 추적하였다. 여기서 사용된 측정 신호는 모두 4개이다.

<표 8> 측정 신호(Towell et al., 1996)

신호	정의
발화속도	분당 음절수

발성/시간 비율	휴지를 포함하는 전체 시간에 대한 발화 시간 비율
조음 속도	휴지를 제외한 초당 음절수
평균 진행 구간 길이	0.28초 이상의 휴지 사이의 평균 음절수

Iwashita와 동료들(2008)은 발화 측정과 유창성 수준과의 관계를 연구하였다. 이들은 외국어로서의 영어를 배우는 학습자의 발화 200여 개의 샘플을 가지고 모국어 평가자들로 하여금 5개의 유창성 수준으로 분류하도록 하였다. 측정 신호들을 살펴보면, 발화 속도, 휴지 구간(무의미 발화 포함), 재구성, 부분 수정, 전체 발화 구간, 평균 발화 시간 등이다.

일반적으로 발화 속도나 휴지 구간 등 공통된 측정 신호들이 있지만, 학자들마다 서로 다른 신호들을 사용하고 있음을 알 수 있다. 다음 표는 유창성 분야에서 일반적으로 사용되는 신호와 정의이다.

<표 9> 유창성 측정 신호(Kormos, 2006; Segalowitz, 2010)

신호	정의
발화속도(음절/분)	휴지구간포함 전체 발화 시간을 음절수로 나눔 (60초 기준)
조음속도(음절/분)	휴지구간제외 전체 발화 시간을 음절수로 나눔(60초 기준)
발성-시간 비율	전체 녹음 샘플 발화시간에 대한 발성 시간의 퍼센트 비율
평균 발성 진행 구간길이	휴지구간(250ms)사이의 평균 음절 수
분당 묶음 휴지	전체 발화 시간을 전체 휴지(200ms)시간으로 나눔

평균 휴지 길이	전체 발화에서의 평균 휴지 길이(200ms)
분당 무의미발화포함 휴지	전체 발화시간을 무의미발화포함 휴지시간을 나눔
분당 비유창성 구간	전체 발화시간에서의 비유창성(반복, 재시작, 재수정 등)시간
리듬감(pace)	분당 강세 단어수
강세 간격(space)	전체 단어수에 대한 강세 단어 비율

* 100ms = 0.1초, 1000ms = 1초

유창성 측정은 유창성 신호와 운율 신호로 측정함을 알 수 있다. 유창성 신호는 구간 신호를, 운율 요소는 리듬에 관여하는 신호들이다. 구간 신호는 길이에 해당하는 신호로 발화 속도, 조음 속도, 발성-시간 비율, 평균 발성 진행 구간 길이, 분당 묶음 휴지, 평균 휴지 길이 등이며, 운율 신호는 음성학적으로 포만트(F1, F2, F3, 등) 구조와 음 높낮이를 나타내는 기본 주파수(Hz) 정보를 의미하며 여기에 속하는 신호는 리듬감 및 강세 간격 등이 속한다. 이 운율 신호는 목표어의 음운 구조에 영향을 받는다. 즉, 리듬 박자 언어인 영어 유창성 측정에는 리듬감과 강세 간격이 중요한 신호일 수 있지만, 음절 박자 언어인 한국어 유창성 측정에는 이런 신호 측정이 불필요할 수 있다.

주요 신호

유창성 측정 신호 선택은 언어, 도구, 연구 기간 등 모든 변수를 고려해서 설정한다. 그러나 어떤 환경이건 간에 기본적으로 측정해야 하는 신호는 발화 속도 및 휴지 구간이다. 그리고 굳이 덧붙인다면 발화 지체 구조정도이다. 이 세 신호는 범언어적으로 유창성 판단에 가장 큰 영향을 미치는 것으로 알려져 있기 때문이다.

발화 속도

발화 속도는 성인의 L2 유창성 평가에서 가장 중요하다고 여겨지는 요소이다(Munro & Derwing, 1995, 2006; Trofimovich & Baker, 2006). Munro · Derwing(2006)은 외국어 학습자는 원어민 발화자보다 발화속도가 느리며, 이는 외국어 인지과정, 발화 진행 과정 및 조음 과정에서 어려움이 있기 때문으로 해석하였다. 어느 정도 발화 속도가 우수한 유창성 점수 획득에 영향을 미치는지는 아직도 정확히 알려지지 않았다. 단지, 속도가 너무 느리거나(Munro & Derwing, 1995), 과도하게 빠른 경우(Janse, 2004) 유창성 판단에 부정적인 영향을 미치는 것으로 보고하고 있다. 이 발화 속도는 전체 시간(running time)을 발화속도로 측정한 방법과 단락 내의 휴지 구간, 지체 및 오류 구간 등을 제외하여 '순수 1음절당 발화 시간', 즉 '조음 속도(articulation rate)'를 측정한 방법, 두 가지 방법이 있다. 휴지구간 및 지체, 오류 구간을 포함한 전체 발화 시간은 주어진 단어 및 문장을 어떻게 발화할 것인가를 전략화하는 인지 언어학적관점에서 의미가 있으며, 휴지 및 지체 구간을 제외한 순수 음절 발화를 의미하는 조음 속도는 발화상의 난이도를 측정하는 음성학적 관점에서 의미가 있다. 일반적으로 '조음 속도' 측정은 목표어 발화의 조음 난이도를 잘 구현한다(Segalowitz, 2010).

발화 속도가 증가함에 따라, 발화 구성 요소 구간은 더 작아진다. 명백하지 않은 것은 전 구성 요소에 걸쳐서 구간 감소가 이루어지는 방식에 있다. 이 감소는 일정하지 않다. 일반적으로 모음과 자음의 휴지와 안정 구간은 음성 신호의 전이 혹은 동적 측면보다 더 생략되는 경향이 있다. 그러나 매우 빠른 발화속도에서, 분절과 비강세 음절은 더 자주 생략될 수 있다. 빠른 발화 속도는 미도달(undershoot)에 의하여 이루어지는데, 특히 모음인 경우, 실제적인 발화는 음의 고립 발화에서 생기는 공간 형태에서 벗어날 수 있다.

발화자는 느리게, 중간, 빠르게까지 다양한 발화 속도로 발화를 만들어낼 수 있다. 속도 변화에 관한 음향 연구는 어떻게 화자들이 속도의 변화를 수행하는지, 이런 변화는 청자에게 어떻게 신호를 부여하는지, 그리고 이런 발화 속도 변화가 유창성 판단에 어떠한 영향을 미치는지는 앞으로 연구 과제이다.

발화 속도 변화는 분절이나 음절의 실제적 생략을 포함하여 다양한 발화 음성 특징에 영향을 미칠 수 있다(Dalby, 1986). 음성 속도 효과를 연구하기 위한 음향 측정 시도는 음향 신호의 음성 구조의 변화 인식과 함께 이루어져야 한다.

휴지 빈도 및 구간

유창성과 관련된 초분절 요소 중의 하나는 휴지 빈도 및 구간이다. 휴지 빈도 및 구간은 원어민 평가자에 의하여 외국인 발화자의 유창성 판단에 매우 중요한 역할을 담당한다(Trofimovich & Baker, 2006). 휴지 요소는 범언어적으로 외국어 발달과 관련되어 있을 뿐만 아니라(Riasantseva, 2001), 외국어 습득과 관련된 인지 해석 및 조음과정, 기억 제약을 반영하는 것으로 보고하고 있다(Schachter, Christenfeld, Ravina, & Bilous, 1991).

발화 속도와 마찬가지로 휴지 구조는 학습자의 기억재생에 어려움을 반영하는 초분절 요소이다. 따라서 외국어 발화과정에 관여하는 진행 및 기억 제약을 반영할 뿐만 아니라 목표어 발달 과정과 밀접한 관계를 맺는다. 발화자들은 모국어보다는 외국어 발화에 더 자주 그리고 더 길게 휴지를 가지며, 이는 언어와 문화권과는 관계가 없다(Grosjean & Deschamps, 1975, Holmes, 1995).

외국어 습득 경험이 증가함에 따라 휴지 구간 및 빈도는 감소하는데, 이런 변화는 3년 이상의 외국어 학습 경험이나 6개월 이상의 해외 체류 경험이 축적되었을 때 급격한 감소폭이 나타난다(Towell &

Dewaele, 2005). 외국어 학습 기간이나 해외 체류 경험이 휴지 구조에 유의미한 변화를 가져오지만, 이들 변수보다는 외국어를 처음 접한 '시점'이나 연령상 '조기 노출'이 더 큰 영향을 미친다는 연구 결과가 있다(Oylnyk, D'Anglejan, & Sankoff, 1987).

일반적으로 휴지 구간 설정은 정해진 기준이 없다. 이는 외국어 학습자의 휴지 구현이 발달 정도에 따라 달라지기 때문이다. 대개 이 구간을 200ms(0.2초)에서 2000ms(2초)까지 다양하게 설정하지만, 보통 한 문장내에서 발화된 음절과 음절 사이의 묵음 구간이 200ms에서 250ms 정도로 하고, 문장과 문장 사이에는 1000ms에서 2000ms로 설정하면 무난할 것이다.

발화 지체(hesitation) 구간 및 빈도

일반적으로 발화 지체는 비유창성(disfluency)의 주요한 척도로 알려져 있으며, 발화의 흐름을 방해하거나 명제적 전제(propositional contents)를 제시하지 못하는 경우를 의미한다(Menyhart, 2003). 이 요소에는 반복, 재출발, 수정, 발화 연기, 오류 등을 포함한다(Kormos, 2000). 이 지체는 언어지식과 표현사이의 비일치로 보는 경향이 강하다. 외국어 사용자들은 이 지체현상이 흔하게 발생한다.

영어에서는 주로 'um'으로 표현되는 발화 지체는 모국어 사용자들에게서도 관찰되는데, 긴 발화의 시작 전과 주제가 익숙하지 않을 때 흔하게 나타난다고 하였다(Merlo & Mansur, 2004). 이는 '인지적인 부담'이 작용하기 때문으로 보이며, 외국어 발화자에도 동일한 이유로 더 자주 나타난다. 외국어 학습자는 더 강력한 인지적인 부담으로 인하여 발화 시작전의 'um'뿐만 아니라 발화 중간에 'sort of'나 'kind of' 같은 무의미 발화 지체 현상이 나타난다.

발화 지체에는 반복과 재출발, 수정이 포함된다. 반복은 발화된 단어, 구, 문장을 반복하는 경우이며, 재출발은 기존의 발화를 단어, 구, 문장과 관계없이 다시 시작하는 것이고, 수정은 기존 발화를 수정하여 재발화하는 경우이다. 사실상, 반복, 재출발, 수정 등을 엄밀히 구분하는 것보다 발화 지체의 여러 현상으로 파악하는 것이 적절하다.

정리

1. 발화 유창성이란 청자의 인지 유창성에 영향을 미치는 발화의 특징을 의미하기 때문에, 음향학적으로 측정이 가능해야 한다.

2. 발화는 음성학적 측면에서 분절 요소와 초분절 요소로 나눌 수 있다. 분절 요소로는 조음 구간, 분절 스펙트럼 신호, 분절음 발음 등이며, 초분절 요소로는 억양, 강세, 운율 등이 속한다.

3. 유창성 측정은 유창성 신호와 운율 신호로 나누어지며, 유창성 신호는 구간 신호를, 운율 요소는 리듬에 관여하는 신호들이다. 유창성 신호는 범언어적이며, 운율 신호는 개별 언어적이다.

4. 일반적으로 유창성 측정시에는 영어인 경우 발화 속도, 휴지 구조, 발화 지체 구조, 운율 구조 등이 사용되며, 한국어인 경우 발화 속도, 휴지 구조, 발화 지체 구조 등이 사용될 수 있다.

5. 발화 속도가 빠르다고 하여 유창성 평가가 좋아지는 것은 아니다. 과도한 발화 속도는 명료성을 희생하기 때문에 유창성 평가가 나빠질 수 있다.

6. 발화 지체 구간 및 빈도가 높다고 하여서 유창성 평가가 반드시 나빠지는 것은 아니다. 적정한 구간 및 빈도가 중요하다.

3. 유창성 평가

유창성 평가는 청취자가 발화자의 발화에 대하여 '유창함'이 어느 정도인지 인지과정을 거쳐 판단하는 '인지 유창성'의 한 영역이다. 발화 유창성이 지극히 음성/음향학적인 객관적인 자료를 바탕으로 측정이 이루어지지만, 인지 유창성은 평가자의 주관적 판단 영역이다. 이러한 주관적 판단으로 인하여 평가는 신뢰성과 타당성을 담보해야 한다. 적절한 평가가 이루어지기 위하여, 명확한 준거를 기반으로 설계가 이루어져야 하며, 타당한 과제를 제시한 다음, 훈련된 평가자에 의한 평가가 이루어져야 한다. 즉, 평가 설계, 평가 준거, 과제 선정, 평가자가 중요한 변수로 작용한다.

3.1. 평가 설계

유창성 평가는 '설계 → 시행 → 분석'의 3단계로 크게 나눌 수 있다. 설계는 전반적으로 평가가 어떻게 이루어져야 하는지를 미리 그림을 그려보는 것이다. 시행은 평가자 및 피평가자들이 실제로 평가 행위에 참여하는 것이다. 분석은 도출된 자료를 바탕으로 질적 양적 방법론을 이용하여 유의미한 결과물들을 추출하는 것이다.

유창성 평가의 첫 단계는 평가안을 설계하는 것이다. 이 평가안에는 시험 주제, 목적, 평가자, 피평가자, 변수, 과제 방식, 평가 실시 시간 등이 기록되어야 한다. 특히 평가자와 피평가자를 어떻게 모집하고, 관리해야 하는지의 계획이 상세히 서술되어야 한다. 모집이 이루어진 후 평가자들을 대상으로 평가 교육이 필요하다. 다음은 본 저자가 한국인 영어 학습자(L2)의 발화에 대하여 영어 원어민 평가자(L1)와 한국인 영어 평가자(L2)들의 유창성 평가 경향을 연구한 논문(강석한, 2013)의 평가 설계안 예이다.

평가 설계안 예시

1. 평가 주제: 한국인 영어 학습자(L2) 발화에 대하여 한국인(L2)/영어 원어민(L1)의 영어 말하기 평가 비교
2. 평가 목적: 원어민(L1)/비원어민(L2)의 평가 경향의 공통점과 차이점
3. 가설: L1/L2 평가자 집단에 의하여 L2 말하기 평가가 달라진다.
4. 평가집단: 한국인 평가자 5인, 영어 원어민 평가자 5인
5. 피평가자: 한국인 영어 학습자 20명
6. 과제: 그림 제시과제
7. 평가구인: 유창성, 문법, 담화, 어휘, 전반적 언어 능력
8. 분석 주제: 평가집단별 평가 경향(엄격성, 신뢰도)
9. 사용 프로그램: Praat, Facets, SPSS

평가 설계안이 작성된 다음에는 참여자들을 섭외하고 녹음에 착수한다. 30명 이하의 소규모 평가에는 면대면 평가 방식이 적합하며, 100명 이상의 대규모 평가에는 온라인을 통한 평가 방식이 유효하다. 본 예시 연구에서는 20명의 영어 학습자들을 대상으로 컴퓨터 화면에 그림 과제를 보여준 후 영어로 설명하도록 하였다. 이들 발화는 컴퓨터에 녹음하였다. 녹음 후 일정 기간이 경과한 다음 섭외한 영어 원어민 및 한국인 영어 평가자들을 대상으로 온라인을 통한 평가훈련을 하였다. 예시에서 총 훈련 시간은 4시간이며, 1차시에는 평가 준거 제시, 2차시에는 샘플 발화를 이용한 평가 방법, 3차시에는 실제 평가 참여, 4차시에는 질문과 답변으로 구성하였다. 훈련 후 각 평가자별로 이메일을 통하여 피평가자들의 발화와 평가 목록이 전달되었다. 평가가 종료된 후 데이터를 수합하여 분석을 하는 과정을 거쳤다. 발화 분석에는 Praat, 평가 분석에는 Facets, 그리고 발화와 평가와의 관계를 규명하기 위하여 SPSS를 사용하였다.

3.2. 평가 준거(criteia)

평가 준거란 평가 기준을 의미하는데, 쓰기와 말하기처럼 평가자의 주관적 관점이 개입되는 평가에서는 매우 중요한 평가 지표이다. 아쉽게도 우리나라에서 진정한 의미의 준거 설계 및 적용 연구는 매우 드문데, 이는 우리나라의 중앙집권적인 교육 과정이 상대 평가에 기반을 둔 규준 참조 평가 방식(norm reference method)을 취하기 때문이다. 그러나, 요즘 들어 말하기 및 쓰기 교육 현장에서 채택하는 주관적 평가는 수험자 자신의 진정한 능력을 파악해야 하므로 '무엇을 평가해야 하는가'에 대한 평가자 자신의 준거 설계가 매우 중요한 연구 주제가 된다.

일찍부터 규준 참조 평가 (norm-reference method)에서 준거 참조 평가(criterion-reference method)로 전환한 구미에서는 이에 관한 연구가 활발하였다. Jacoby · McNamara(1996)는 특정한 분야의 언어 능력을 측정하기 위한 시험에서 '고유의 평가 준거' (indigenous assessment criteria)를 도출하기 위한 연구를 했다. 이 연구에서 이들은 목표어 이용 능력에 근거한 의사소통 능력을 반영한 시험을 평가하는 준거를 개발하였다. 즉, 전문 영역에 필요한 언어 능력을 키우는 데 있어서 시험 평가의 준거는 매우 중요하다는 점을 밝혔다.

유창성(fluency)을 포함하는 말하기 영역에서 평가 준거 설정은 구인 정의에서 시작한다. 시험마다 다르기는 하지만, 일반적으로 구인

(construct)은 문법의 정확성(grammar usage), 어휘 선정의 적절성(vocabulary usage), 담화 일관성(cohesive discourse), 발음의 유창성(fluent pronunciation)과 전반적 인상(holistic impression)을 주로 평가한다. 다음은 본 저자의 연구인 외국인 한국어 학습자를 대상으로 이루어진 한국어 말하기 평가 구인 및 준거 정의의 예이다(강석한, 2013, 2017).

(1) **전반적 능력**: 발화자가 발음, 어휘 선정, 담화 일관성을 적절하게 조합하여 과제를 유기적으로 해결한다. 또한 특정 의견을 지지하기 위하여 구체적인 예시나 자료를 활용하고, 추상적인 논제를 펼 수 있는지를 측정한다.

(2) **유창성 영역**: 유창성이란 말을 할 때 더듬거리나 망설이지 않고 자연스럽고 자신감 있게 말하는 능력을 지칭한다. 유창성은 문법 사용의 정확성까지 포함하는 개념이다. 유창한 발음에는 개별 분절음 단어의 발음 영역인 분절 요소와 억양이나 강세, 악센트 등의 초분절 요소로 대별된다. 개별적인 분절 요소뿐만 아니라 억양이 포함된 초분절 요소도 동등하게 중요하다. 따라서 평가에서 유창성 부분은 의미를 실어서 전달하는 매체인 발음이 전체적으로 의미를 자연스럽게 효과적으로 전달하느냐 못하느냐에 따라 평가를 한다.

(3) **문법의 정확성**: 문법 사용의 정확성을 측정하는 항목이다. 용언의 형태소, 시제, 연결어미, 수식어, 접속부사 등을 중점적으로 살핀

다. 또한 피동 및 사동 표현과 높임말 표현에 유의한다. 빈도가 높은 접미사와 접두사, 다양한 종결어미, 보조 동사 등을 이해하고 구사할 수 있다. 상대방에 맞추어 존댓말과 반말뿐만 아니라 극존칭 및 하오체, 하게체를 이해할 수 있다. 문법과 관련해서 발생하는 문제가 거의 없이 문법을 활용할 수 있다.

(4) 어휘 선정의 적절성: 한글 어휘의 사용 빈도를 측정하는 항목이다. 정확한 단어나 구문을 찾아내어 큰 어려움 없이 한글로 자기 표현을 할 수 있느냐를 알아보는 것이다. 이 영역에서는 사회 각 분야의 기초적인 어휘를 이해하고 사용할 수 있으며 전문적인 어휘도 실명하면 이해할 수 있다. 또한 신문이나 방송 등의 시사 관련 어휘를 이해하며 사회생활 관련 어휘를 별 어려움 없이 사용할 수 있다.

(5) 담화 일관성: 전체적인 의사소통 활동이 원활하고 효과적이다. 문장과 문장 사이, 단락과 단락 사이에 얼마나 조직적으로 발화가 일어나고 있는가를 평가한다. 의견제시나 아이디어 전개에 연결사의 사용이 적절하여 청자가 이해하는 데 문제가 없음을 알아보는 항목이다. 따라서 이 영역에서는 교양적인 내용의 담화가 가능하고 매우 전문적 주제가 아니라면 어떤 주제에 관한 토론이나 의견교환 등이 가능하다.

이 평가 준거안에서는 유창성, 문법, 어휘, 담화 일관성 등이 골고루 포함되어 있지만, 실제적인 평가가 이루어질 때, 평가자들이 세세한 영역을 나누어서 세분화된 평가가 이루어지기가 어렵다. 이런 이유로 전반적 평가영역 구인은 매우 중요하다. 일반적으로 평가자들은 평가 샘플을 듣고 전반적인 평가를 한 다음에 세부적인 평가를 하는데, 세부적인 평가는 전반적인 평가의 범위를 벗어나지 못하는 경향이 있다.

일반적으로 평가영역은 시험의 목적이나 환경에 따라 달리 적용된다. 다음 예는 CEFR 시험의 평가 준거이다. 유럽 위원회(Council of Europe, 2001)가 설정하여 사용하고 있는 CEFR(Common European Framework of Reference)은 유럽 전 지역에 지침서, 교육과정안, 시험, 교재 등에 기준으로 적용된다. 기본적인 목표는 언어 학습자가 의사소통을 위한 언어를 사용하기 위하여 학습해야 하는 내용, 지식, 기술을 종합적으로 익히는 데 있다. 준거 영역은 문화적인 내용을 대다수 포함하고 있고, 언어 능숙도 평가는 각 습득 단계에서 발달의 정도를 정확하게 측정하는 내용으로 기술되어 있다. 평가 단계는 전반적으로 6단계 (C2 – A1)로 구분된다. A1이 가장 낮은 단계이며 C2는 가장 높은 수준이다.

CEFR 평가 준거

A1: can manage very short, isolated, mainly pre-packed utterances, with much pausing to search for expressions, to articulate less familiar words, and to repair communication.

A1: 적절한 표현을 찾고, 덜 익숙한 어휘들을 조음하며, 의사소통을 수정하기 위하여 다수의 끊김이 있는 매우 짧고 단절된 어휘 뭉치로 이루어진 발화이다.

A2: can make him/herself understood in very short utterances, even though pauses, false starts and reformulation are very evident.

A2: 끊김, 잘못된 발화 시작, 재구성이 매우 명백하게 나타나지만, 매우 짧은 발화에도 상대방을 이해시킬 수 있다.

B1: can keep going comprehensibility, even though pausing for grammatical and lexical planning and repair is very evident, especially in longer stretches of free production.

B1: 비교적 긴 자유 발화에서, 문법및 어휘의 계획과 수정으로 인한끊김이 자주 발생하지만, 이해력이 보장되는 방향으로 진행된다.

B2: can produce stretches of language with a fairly even tempo, although he/she can't be hesitant as he or she searches for patterns and expressions, there are few noticeably long pauses.

발화자가 발화 패턴이나 표현을 찾는 데 주저하지 않지만, 눈에 띄는 긴 시간 동안의 중지는 없으며, 상당히 고른 속도로 일련의 언어 발화를 할 수 있다.

C1: can express him/herself fluently and spontaneously, almost effortlessly. Only a conceptually difficult subject can hinder a natural, smooth flow of language

C1: 능숙하고 자연스럽게, 그리고 노력을 기울이지 않고 자신을 표현할 수 있다. 간혹 개념적인 어려운을 동반한 주제가 있는 경우 자연스럽고 부드러운 언어의 흐름을 방해할 수 있다.

C2: can express him/herself spontaneously at length with a natural colloquial flow, avoiding or backtracking around any difficulty so smoothly that the interlocutor is hardly aware of it.

C2: 자연스러운 구어적 흐름으로 자신을 표현할 수 있으며, 상대방이 거의 인식하지 못할 정도로 매끄럽게 어려움을 피하거나 역추적할 수 있다.

이 CEFR 시험의 준거 설정은 명확히 유창성 측면으로 집중되어 있다. 6단계로 구분하는 이 준거들은 유창성 평가에서 가장 중요한 신호인 '휴지(pausing)', '속도(tempo)', '지체(hesitant)', '흐름(flow)'을 중요한 준거 어휘로 선택하고 있음을 알 수 있다. 즉, CEFR에서 평가자들은 이러한 음성학적 신호들을 바탕으로 말하기 능력 평가를 한다.

Segalowich(2010)가 주장하였듯이 '유창성이란 청취자의 입장에서 발화 계획과 표현이 용이하고 효율적으로 기능하는지에 대한 인상'이다. 이는 두뇌에 저장하고 평가하는 어휘, 문법, 지식 등과는 달리, 발화자의 끊임없이 흐르는 발화에 대한 청취자의 '인상(impression)'을 주관적으로 평가하는 것이기 때문에, 이 인상에 영향을 미치는 휴지, 발화 속도, 지체 같은 음성 신호들이 중요한 평가영역일 수밖에 없다. 이런 면에서 말하기 평가 준거는 반드시 음성학적인 유창성 신호들을 고려해야 한다.

평가 준거를 기반으로 하는 평가척도는 평가의 신뢰도와 구인 타당도를 확보하는데 중요한 요인이다. 평가 신뢰도는 측정의 일관성을 의미하며, 구인 타당도는 시험점수를 토대로 내릴 수 있는 의미성 혹은 적절성과 관계가 있다. 일반적으로 대규모 국제 공인 시험인 경우 대부분 9~12단계 평가 방법을 채용하는 경향이 있다. 예를 들어, ACTFL-OPI는 10 등급, ISLPR은 12 등급, MATE 12 등급, KBS 한국어 능력은 8 등급으로 구성된다. 그러나, 일부 시험에서는 5~6단계 등급을 이용하는데 이는 평가기관의 규모 및 시험 성격에 따라 달라진다. 이런 유형의 시험에는 TOPIK (6 등급), G-TELP (5 등급), ICAO (6 등급), FCE (6

등급) 등이 있다. 일반적으로 소규모 학급에서 평가는 5 등급 정도가 적당하며, 대규모 중요한 평가에서는 8~10 등급 정도가 적당하다.

3.3. 과제(task)

유창성 평가 및 실험에는 표준화된 과제는 없다. 각 평가지별로 환경에 맞는 다양한 과제들을 이용한다. 과제 특징이 유창성 평가에 커다란 영향을 미친다는 연구 결과(Derwing et al., 2004; Ejzenberg, 2000)들이 있기 때문에, 이를 살펴보는 것은 매우 중요하다.

Derwing과 동료들(2004)은 그림 설명, 독백, 대화의 세 과제에 대하여 유창성 평가에 차이가 있는지를 조사하였다. 이들은 20명의 중국인 초급 영어 학습자들의 발화에 대하여 유창성을 평가하도록 하였다. 그 결과, 유창성 평가는 과제별로 유의미하게 다르게 나타났는데, 예를 들면 그림 설명 과제는 독백이나 대화 과제보다 점수가 상당히 낮았다. 평가에 영향을 미치는 어휘 선정의 다양성 측면에서도 그림 과제는 특정 그림 때문에 어휘 범위 및 수량에 한계를 보였지만, 독백 및 대화 과제에서는 스토리 내용을 결정하는 구조 확보에 다양한 언어적/비언어적 전략을 세울 수 있다고 하였다.

Ejzenberg(2000)는 유창성 평가가 과제에 의하여 영향을 받는지를 조사하였다. 3단계 수준으로 구성된 46명의 피험자들이 신호 부여 대화, 신호 미부여 대화, 신호 부여 독백, 미부여 독백의 4가지 과제 유형에 대한 발화 샘플들에 대하여 유창성 평가를 하도록 하였다. 그 결과 피험자들은 원어민과의 상호작용이 가능하면서 대화에 제한이 가해지지 않는 비신호 대화에서 가장 유창성 점수가 높았다. 이 결과는 상당히 많은 시험에서 채택하는 답변에 제한을 주는 독백 형식의 과제는 수험자들의 유창성 능력을 구현하는데 제한점으로 작용할 수 있음을 보여주고 있다.

Tavakoli · Skehan(2005)은 80명의 다양한 수준의 영어 학습자들을 대상으로 그림 설명 과제를 통하여 과제 구조와 시험 환경을 달리한 유창성 평가를 하였다. 흥미롭게도, 참가자들이 발화 시작 전에 준비 시간을 가질 때, 그리고 스토리 구성이 내적으로 구조화가 잘 되었을 때 평가점수가 더 높았다. 기존의 연구 결과들을 종합해보면, 과제 유형은 유창성 평가에 상당한 영향을 발휘하며, 이는 과제 유형이 변화함에 따라 피평가자들의 언어학적 인지적 부담이 증가하기 때문으로 보인다. 또한 신뢰성 있는 과제로 알려진 그림 설명 과제는 과제 환경을 달리하였을 때, 평가점수가 다르게 산출되었는데, 이는 구조 유형 못지않게 제시 환경도 중요함을 알려준다.

일반적으로 과제 유형은 크게 개방형 종료 과제(open-ended) 및 구조 확정형 과제(structured task)로 나눌 수 있다(Luoma, 2004). 개방형 종료 과제는 다양한 대답을 수용하는 여지를 주는 방법이고, 반면에 구조 확정형 과제는 시험자가 제시해야 할 내용이 정해져 있다. 일반적으로 말하기 시험은 수준 및 환경에 따라서 이 두 종류의 과제를 적절하게 혼합하는 방식을 취한다. 예를 들어 ELPA(English Language Proficiency Assessment; Huang & Flores, 2018) 말하기 평가 문항에서는 초급과 중급에서는 구조 확정형이 압도적으로 많으며, 중급과 고급에서는 개방형 종료 과제가 많다. 즉, 이 ELPA 시험의 초급은 주어진 문장을 보고 따라 말하기, 상황을 보여주는 배경이 제시된 질문에 답하기, 중급에서도 자료를 보고 경험이나 계획을 말하기 등의 구조 확정형 문제를 유지한다. 그러나 중, 고급에서는 주로 개방형 문제들이 출제되는데, 중급에서는 그림 설명하기가 대표적이며, 고급수준에서는 도표, 그래프 설명하기, 의견 말하기, 설득, 대안 제시하기가 출제된다.

과제 종류 선택은 적절한 유창성 평가를 위하여 매우 중요하다. 일반적으로 가장 흔하게 사용하는 과제는 읽기 과제, 그림 설명 과제, 스토리 다시 말하기 과제, 인터뷰 과제 등의 4종류이다. 첫 번째로 초급 학습자들을 대상으로 이용되는 과제는 '읽기 과제'인데, 참가자들이 정해진 시간 내에 녹음기 혹은 컴퓨터를 통하여 주어진 문장이나 단락을 읽는 것이다. 이 과제는 이들을 대상으로 흔히 사용하는데, 이는 통제하기가 쉬울뿐더러, 참가자들이 무엇을 말해야 할지에 대한 고도의 발화 전략을 사용하지 않아도 되기 때문이다. 이는 이 과제의 장점이자 단점이 되는데, 장점인 경우는 유창성 수준이 높건 낮건 간에 누구나 이 과제에 도전할 수 있고, 소기의 목적을 달성할 수 있다. 그러나, 이 과제의 치명적인 단점은 '읽기' 과제는 유창성 정도를 정확히 나타낼 수 없다. 즉, 유창성이란 텍스트를 근간으로 읽기 능력을 보여주는 것이 아니라 실시간으로 변하는 대화 환경에서 텍스트 없이 대화 맥락에 맞게 상대방과 의사소통을 하는 것이기 때문이다. 이런 이유로 이 과제는 가장 초급의 외국어 학습자들을 대상으로 이루어지는 경우가 많다.

다음은 영어 학습자들을 대상으로 하는 읽기 과제의 일부 예이다.

문제. 다음을 읽으시오.

> *Once upon a time, there was a hungry fox. It silently hid in the vineyard where there were many ripe grapes hanging. But unfortunately, the grapes were fastened upon high cache so it was hard for the fox to reach. The fox aimlessly jumped to reach, rested, then jumped again. But it was all in vain. So the fox shouted. "Anyone can try to pick the grapes, the grapes are sour anyway."*

둘째는 그림이나 만화를 통하여 설명하게 하는 '그림 설명 과제'이다. 이 과제의 장점은 특정 어휘나 문장이 제시되지 않고서도 화자의 발화를 어느 정도는 통제할 수 있다는 점이다. 그러나, 아쉽게도 이러한 시각 자료를 위한 기준은 천차만별이라고 할 수 있다.

일부 연구는 이 과제의 표준화를 위한 시도를 하였다. Rossiter · Derwing · Jones(2008)는 연구를 통하여 시각 자료를 선정하는 33개의 기준을 제시했다. 이 기준에는 스토리 라인, 문화 내용, 그림 형식 등이 제시되고 있다. 이들의 연구에서 제시하는 바는 과제의 종류가 평가에 커다란 영향을 미친다는 점이다. Tavakoli · Skehan(2005)은 몇 컷의 만화 형식으로 된 스토리 라인 구조는 참여자들의 유창성 능력을 비교적 정확하게 표현할 수 있다고 보았다. 이들이 주장하는 바는 과제의 만화 그림의 내적 구조가 발화자의 유창성을 잘 표현할 수 있도록 정교하게 설계되어야 한다는 점이다.

실제로 중급, 고급 정도의 참가자들에게 가장 적합한 과제는 바로 이 그림 과제라 할 수 있다. 장점으로는 평가 준거를 확실하게 적용할 수 있으며, 참가자의 발화가 어느 평가범위에 들어오는지 타 과제들보다 명확하게 나타나고, 지문이 없기 때문에 유사 유창성 문제에서 일정 부분 자유로울 수 있기 때문이다.

다음은 이 과제의 일부 예이다.

문제. 다음 주어진 그림을 설명하시오.

수험자는 6컷의 연속 그림에 대하여 45초의 준비시간을 가진 후에 60초 이내로 설명한다.

In this part of the test, you will make a story for the pictures on your screen in as much detail as you can. You will have 45 seconds to prepare your response. Then you will have 60 seconds to answer the pictures.

그림 11 그림 제시 과제

세 번째 과제는 '스토리 재구성' 과제이다. 이 과제는 지문을 보거나 설명을 듣고 이를 주어진 지시대로 재구성하여 발화하는 것이다. 이 과제는 진정한 말하기 능력을 측정한다는 점에서는 고무적이기는 하지만, 이 과제의 단점은 참여자의 유창성 능력뿐만 아니라, 기억력, 이해력, 문제 파악력 등 유창성과 직접적인 관련이 없는 언어 능력이 요구된다는 점이다. 따라서 이 과제는 고급반 학생들에게 주로 적용이 가능하다. 다음은 이 과제의 예이다.

문제. 다음 주어진 단락을 요약하여 세 문장으로 표현해 보시오.

> *The traditional culture of Korea before the division of Korea in 1945 is the shared cultural and historical heritage of Korea and southern Manchuria. As one of the oldest continuous cultures in the world, Koreans have passed down their traditional narratives in a variety of ways. Since the mid-20th century, Korea has been split between the North Korean and South Korean states, resulting today in a number of cultural differences. Before the Joseon dynasty, the practice of Korean shamanism was deeply rooted in Korean culture. Traditionally, Chinese culture has had a great impact in many areas of Korean culture, including arts, written language, religion, and government administration, with Koreans molding these Chinese models into distinctly Korean ones.*

마지막으로 인터뷰 방식이 있다. 이 방식은 면접자(interviwer)가 질문을 하고 참가자(interviewee)들이 대답하는 형식으로 이루어진다. 질문 내용에는 주로 경험, 의견 등이 포함되기 때문에 상당한 언어 능력을 지닌 고급 학습자들에게 적합한 과제이다. 이 과제의 장점은 참여자의 유창성 능력을 가장 잘 나타낼 수 있다는 점이지만, 단점으로는 평가자들은 화자의 다양한 발화에 거의 통제를 못 하기 때문에 평가 준거에 어긋나는 경우가 많아서 평가가 상당히 주관적으로 될 가능성이 있다. 다음은 이 과제의 예이다.

문제. 특정 주제 의견 표현하기.

특정 주제에 대하여 *45*초의 준비시간후에 *60*초 이내로 자신의 의견을 명확히 표현하고 그 이유를 설명하시오.

> *In this part of the test, you will give your opinion about a specific topic. Be sure to say as much as you can in the time allowed. You will have 45 seconds to prepare. Then you will have 60 seconds to speak.*
>
> ***Who is the most intelligent person you know? Describe the person and say why you think he/she is intelligent.***

우리는 과제별로 각기 다른 수준의 학습자에게 다르게 적용할 수 있음을 살펴보았다. 그러나, 적절한 과제 선정과 제시에는 어느 정도의 훈련이 필요하다. Freed와 동료들(2004)과 Segalowitz · Freed(2004)는 유창성이 해외 체류 경험의 효과 정도를 알아보기 위하여 훈련된 평가자를 활용한 인터뷰 면담 방식을 시행하였다. 이들은 이 연구에서 이 방식의 장점은 훈련된 평가자들의 평가가 설정된 기준에 근거하기 때문에 신뢰성이 있다는 점을 지적하였다. 또한 이 연구들은 각 평가자 간 그리고 피평가자/배경/환경 변수들을 병렬 비교함으로써 평가 신뢰성을 확보할 수 있다는 점에서 매우 유의미한 연구 결과라고 할 수 있다. 이 유형의 평가 방식은 참여자의 전반적인 개념화 능력뿐만 아니라 세밀한 규정화 능력을 측정한다는 측면에서 다른 과제들보다 확실히 우수한 평가 방식이라 할 수 있다. 여기에서 우수한 평가 방식이란 참여자의 유창성 정도를 정확하게 평가하는 방법이라는 의미이다. 이러한 여러 장점에도 불구하고 단점도 발견된다. 가장 눈에 띄는 단점은 인터뷰 방식이 신뢰성에도 불구하고 온라인 방식의 대규모 시험에는 적합하지 못하다는 점이다. 또한 인터뷰 방식은 후광 효과의 영향을 받을 수 있다. 후광 효과란 참여자의 발화와는 관계없이 인상에 의하여 결정되는 것으로 왜곡된 평가를 가지고 올 수 있다. 그리고, 2~3분 정도 진행되는 다른 과제 평가에 비하여 30분 정도 진행되다 보니, 대규모 온라인 평가에는 적합하지 않을뿐더러, 음성 분석에도 부적절하다.

이러한 과제들에 대한 평가 제시 방법은 크게 두 가지로 나눈다. 직접 대면 방식, 반 직접 대면 방식, 그리고 간접 방식이다. 직접 대면 방식은 질문자와 참여자가 직접 대면하여 평가를 수행하는 것이고, 간접 대면 방식은 컴퓨터를 이용하여 온라인 방식으로 수행하는 방식이며, 반 직접 방식은 컴퓨터를 이용하기는 하지만 질문자가 동석하는 경우이다. 직접 대면 방식은 소규모 교실 환경에서 이루어지고 참여자의 입장에서 진행되기 때문에 유창성을 정확하게 측정할 수 있다는 점에서 장점이지만, 평가자의 후광 효과가 발생할 수 있다는 점에서 단점이다. 간접 대면 방식은 대규모 평가 시험에서 적합하다. 그러나, 이 방식은 비용적인 측면에서 효율적이지만, 참여자의 입장이 전혀 반영되지 않기 때문에, 이들이 지닌 유창성 능력이 완전히 발휘된다고 할 수 없다.

3.4. 평가자

일반적인 언어평가에서의 평가자의 특성에 관한 연구들은 평가자 역량 요소가 신뢰도와 타당도에 상당한 차이를 가지고 온다는 점을 지적하고 있다(Hadden, 1991; Chalhoub-Deville, 1995; Luoma, 2004). 평가자에 영향을 미치는 변수로는 언어 배경(Gui, 2012; Kim, 2009; Zang & Elder, 2011), 전문직 배경(Hadden, 1991; Chalboub-Deville, 1995), 동료/교사 평가(Patri, 2002; Cheng & Warren, 2005) 등이 있다. 기존 연구들을 요약하면, 피평가자들의 발화에 대한 전체적인 인상을 평가하는 총괄평가(holistic marking)에서는 평가자 변수와 관계없이 유사성이 발견되지만, 말하기 능력의 구성 요소를 하나하나 분석적으로 고려하여 채점하는 형태인 세부 평가(analytic marking) 방법에는 전문가/비전문가, 모국어, 훈련 여부 등에 의하여 달리한다고 보고하고 있다.

원어민/비원어민으로 나누어진 언어적 배경이 서로 다른 평가자 집단들은 서로 유사한 평가 경향을 보이지만, 일부 영역에서 다른 결과를 보인다고 알려져 있다. Fayer · Krasinski(1987)은 외국인 영어 발화에 대하여 영어 원어민과 비원어민(스페인 사용자) 평가자들의 평가를 비교하였다. 이들 집단은 명료성에서 거의 유사한 평가 경향을 보여주었다. 그러나, 일부 영역에서 차이점도 나타났다. 비원어민 평가자들은 언어학적인 문법에 더 엄격하고, 발음과 지체 영역에서는 상당히 다른 평가 경향을 보여주었다. Zhang · Elder(2011)는 중국인 영어 학습자들의 발화에 대하여 영어 원어민과 중국어 원어민 평가자들의 평가 경향을 비교 분석하였다. 전반적으로 총괄평가에서는 두 집단 사이에 의미 있는 차이는 발견되지 않았다. 그러나, 두 집단 평가자들의 코멘트를 분석한 결과, 이들 집단이 평가에서 역점을 두고 있는 구인(construct)이 서로 다름을 발견했다. 비원어민 중국인 영어 평가자들은 언어학적인 요소에 역점을 두지만, 원어민 영어 평가자들은 비언어학적 요소들인 상호작용, 보상 전략, 표정 등에 더 역점을 두었다.

비전문가와 전문 평가자 사이에도 유사한 경향을 보인다. 이석재·박전규(2003)는 음성학 훈련을 받은 한국인 전문가 그룹, 비전문가 그룹, 원어민 그룹 간의 평가와 자동 인식기를 기반으로 한 기계식 평가 사이의 상관관계를 연구하였다. 연구 결과는, 한국인 평가자 사이의 상관관계가 가장 높고 (r=0.98), 전문가/비전문가 한국인 평가자와 원어민 평가자와의 상관관계 (r=0.92)도 높았으며, 인간 평가와 기계 평가 사이에도 유의한 수준의 상관관계가 있었다(r=0.72). 이 연구의 초점은 기계식 평가의 타당도를 살펴보는 연구이지만, 부수적으로 전문가와 비전문가의 총괄적인 평가에서도 큰 차이가 없다는 점을 보여준다는 점에서 의의가 있다.

일반적으로 전문가 집단은 비전문가 집단에 비하여 엄격한 평가를 한다고 알려졌지만, 모든 연구가 이 결과를 따르는 것은 아니다. 이는 아마도 평가자의 배경 언어, 샘플수, 평가 방식의 다양성 등의 환경 변수에 의하여 결과가 영향을 받는 것으로 보인다. Hadden(1991)은 영어 전문가와 비전문가 집단이 중국인 영어 발화에 대하여 평가를 비교 연구하였다. 이 결과에 의하면, 언어 능력 측면에서는 전문가 집단이 더 엄격한 채점을 하는 경향을 보이지만, 이해도, 수용성, 개성, 비언어적 능력 측면에서는 두 집단 사이에서는 큰 차이가 없다고 보고하고 있다. Chalhoub-Deville(1995)은 배경 언어와 전문가 요소의 두 매개변수를 이용하여, 아랍인 미국 거주 전문가 집단, 아랍인 미국 거주 비전문가 집단, 그리고 아랍 거주 비전문가 집단을 대상으로 연구하였다. 그 결과 전문가 집단에서는 언어 측면보다는 담화 과업 측면에서 창의성과 정보 수용성에 더 평가 가중치를 두는 경향을 보였다.

동료/교사 집단 간 말하기 평가는 이들 변수와 비슷한 경향을 보인다. Cheng · Warren(2005)은 영어 말하기 능력에 대한 동료와 교사 집단 평가를 비교하였다. 일부 동료 집단이 동료 평가에 대하여 엄격한 평가를 하는 경향이 있었지만, 전반적으로 이들은 교사 집단 평가와 크게 다르지 않았다고 보고하고 있다. 그러나, 이어지는 세밀한 분석을 통하여 이들은 쓰기와 말하기 같은 주관적 영역 평가에서 매우 다른 평가 경향을 보이고 있는데, 특히 동료 집단들은 일부 영역을 잘못 해석하는 경향이 있다고 지적하고 있다.

Patri(2002)는 중국어 배경을 가진 영어 발화에 대한 동료 및 교사 집단 간의 평가를 비교하였다. 평가 준거가 명확히 제시되었을 때, 동료 집단은 교사 집단과 거의 유사한 평가 경향을 보이기 때문에,

이들은 교사 집단의 평가에 보조적인 역할은 충분히 수행할 수 있다고 결론을 내리고 있다. 요약하면, 원어민/비원어민, 전문가/비전문가, 동료/교사 집단으로 나누어서 실시된 말하기 평가에서는 전반적으로 비슷한 경향을 보이지만, 일부 세부 영역에서는 집단만이 갖는 특징이 발견된다. 결국 이를 극복하기 위하여 사전에 정교히 설계된 평가자 훈련이 필요하다.

3.5. 유창성 발화와 평가와의 관계

발화 유창성과 유창성 평가와의 관계는 피평가자의 발화에 대한 평가자의 유창성 평가와의 관계가 어느 정도 관련을 맺고 있는지를 파악하는 것이다. 따라서 평가자와 피평가자들이 가진 여러 변수(배경언어, 전문가, 교육수준, 훈련, 경험 등)들이 이 관계에 영향을 미친다.

여기에서는 예시로서 발화 유창성 요소들이 과연 발화자의 배경언어별로 유창성 평가에 어느 정도의 역할을 하는지를 살펴보고자 한다. 즉, 유창성 판단에 영향을 미치는 음성학적 요소에 대하여 한국어 학습자와 영어 학습자들의 L2 발화 및 유창성 평가를 비교 분석하였다. 이 분석의 목적은 한국어와 영어 학습자들의 발화한 유창성 요소가 L2 유창성 판단에 어느 정도 기여하는지에 대하여 공통점과 차이점을 찾아보고자 한다.

우선 영어 원어민 한국어 학습자의 한국어 발화에 대하여 유창성 요소인 발화 속도, 휴지구간 및 빈도, 발화 지체 구간 및 빈도, 피치 범위를 종속변수로, 그리고 유창성 점수를 독립변수로 설정하여 집단별로 회귀분석을 실시하였다(Bonferroni α=0.0125). 이 회귀분석을 실시하면 R^2을 구할 수 있으며, 이 수치는 평가자들의 유창성 평가에 이 신호의 기여도를 구할 수 있다. 이를 통하여, 영어 원어민 한국어 학습자의 한국어 발화 유창성에 기여하는 신호 위계를 구할 수 있다.

이 분석의 가설은 6개의 유창성 요소가 유창성 평가에 일정하게 기여하고 있으며, 각각의 요소는 서로서로 관련되어 있다는 것이다. 다음 표는 영어 원어민 한국어 학습자의 발화에 대하여 한국어 원어민 평가자의 유창성 평가 결과이다.

<표 10> 한국어 원어민 영어 학습자의 유창성 요소와 유창성 판단 회귀분석표

(강석한, 2018)

		B	표준오차	베타	R^2	T
발화속도	상수	-3.272	1.012			-.423**
	발화길이	4.012	0.432	0.729	**0.62**	11.720**
휴지구간	상수	3.826	0.599			7.712**
	휴지구간	-2.434	1.623	-0.611	**0.48**	-7.010**
휴지빈도	상수	3.281	0.321			11.328*
	휴지빈도	-1.324	0.301	-0.422	**0.31**	-3.452**
시체구간	상수	4.311	0.299			12.916**
	지체구간	-3.987	0.211	-0.222	**0.19**	-4.452*
지체빈도	상수	3.725	0.618			7.676**
	지체빈도	-1.613	1.513	-0.323	**0.21**	-4.010*
피치범위	상수	4.530	0.275			10.462**
	피치범위	2.003	1.014	-0.444	**0.35**	8.267**

**: p <0.001, *: p<0.05

<표 10>은 한국인 영어 학습자들의 영어 발화를 영어 원어민 평가자들이 영어 발화의 유창성 평가에 어느 정도 기여하는지를 살펴본 것이다. 위의 표에 의하면 발화 속도가 62%로 가장 많이 유창성 평가에 기여하며, 그 뒤를 이어 휴지구간 48%, 피치범위 35%, 휴지빈도 31%, 지체 빈도 21%, 지체 구간 19%가 유창성 평가에 영향을 미치는 것으로 조사되었다. 우리는 영어 유창성 평가에서는 발화 속도와 휴지 구간이 중요하지만, 부수적으로 피치 범위와 지체 구간도 중요함을 알 수 있다.

다음 표는 영어 원어민 한국어 학습자들의 한국어 발화에 대하여 한국어 원어민 교강사에 의한 유창성 평가 결과이다.

<표 11> 영어 원어민 한국어 학습자의 유창성 요소와 유창성 판단 회귀분석표
(강석한, 2018)

		B	표준오차	베타	R^2	T
발화속도	상수	-4.270	1.212			-3.21**
	발화속도	2.103	0.301	0.628	0.58	7.42*
휴지구간	상수	4.832	0.712			11.689**
	휴지구간	-1.633	1.200	-0.723	0.31	-3.72**
휴지빈도	상수	4.609	0.285			9.462*
	휴지빈도	-0.303	0.134	-0.444	0.19	-2.269
지체구간	상수	4.311	0.299			18.318**
	지체구간	-4.001	3.001	-0.522	0.46	-5.462**

지체빈도	상수	4.825	0.627			7.689**
	지체빈도	-3.531	1.499	-0.723	0.35	-3.620*
피치범위	상수	7.530	0.275			12.462**
	피치범위	5.003	1.014	0.244	0.08	1.029

**: p <0.001, *: p<0.05

<표 11>은 영어 원어민 한국어 학습자의 유창성 평가에 영향을 미치는 유창성 요소를 조사한 결과이다. 그 결과 발화 속도가 58%로 가장 많은 영향을 미치며, 지체구간 46%, 지체빈도 35%, 휴지구간 31%, 휴지빈도 19%, 피치범위 8%가 각각 유창성 평가에 영향을 미치는 것으로 나타났다. 한국어 유창성 평가에서는 발화 속도와 지체 요소 및 휴지 요소가 중요한 평가 요소임을 파악할 수 있다. 이 연구에서는 영어 원어민 한국어 학습자건 한국어 원어민 영어 학습자건 간에 발화 속도와 휴지 구간은 비교적 유창성 평가에 커다란 역할을 하는 것으로 밝혀졌다. 이는 범언어적인 요소로 보인다(Iwashita, Brwon, McNamara, O'Hagan, 2008; De Jong & Wempe, 2009).

이러한 공통점에도 불구하고, 두 외국어 학습자의 유창성 평가에는 차이점도 존재한다. 가장 큰 차이점은 지체 구간 및 빈도와 피치 범위이다. 영어 원어민 평가자들은 지체 구간 및 빈도에 대하여 19%, 21%로, 한국어 원어민 평가자들의 46%, 35%에 비하여 낮은 유창성 평가 영향 비율을 보여주고 있다. 한국어 원어민 평가자들이 지체 구간 및 빈도에 높은 평가 영향 비율을 보이는 것은 특기할만한 사

실이다. 역으로 스펙트럼 신호를 나타내는 피치 범위에 대하여는 영어 원어민 평가자들은 35% 비율로 유창성 평가에 영향을 미치지만, 한국어 원어민 평가자들은 단지 8%만이 영향을 미쳤다. 이는 영어 원어민들은 폭넓은 피치범위에 대하여 긍정적인 유창성 평가를 하지만, 한국어 평가자들은 그렇지 않다는 점을 보여준다.

이 결과는 유창성 평가에서 범언어적인 공통점도 있지만, 개별 언어적인 차이점도 존재한다는 점을 보여준다. 즉, 영어건 한국어건 간에 구간 신호에 해당하는 발화속도와 휴지구간은 매우 중요한 유창성 평가의 척도였다. 그러나, 본 예시 연구에서 밝혀진 사실은 지체구간과 피치범위는 한국어와 영어 유창성 평가에서 다른 척도가 주어진다는 점이다. 이는 두 언어가 지니는 특징 때문으로 보인다. 즉, 리듬언어(rhythmic-timed language)인 영어는 강세, 높낮이 피치 곡선, 억양 등의 측면이 강조될 수밖에 없으며, 이는 스펙트럼 신호가 구간 신호와 더불어 유창성 요소 판단에 간여할 수밖에 없다. 반면에, 음절 박자 언어(syllable-timed language)인 한국어는 영어와 같은 초분절 요소보다는 음절이 지닌 구간 요소인 구간 신호에 더 민감할 수 있다. 이러한 목표어 자체가 지닌 특성이 유창성 평가에 영향을 미치는 것으로 보인다.

정리

1. 유창성 평가는 평가 설계, 평가 준거, 과제 선정, 평가자가 중요한 변수로 작용한다.

2. 신뢰성과 타당도가 보장된 평가를 위하여 평가 설계안 작성은 필요하다. 특히 평가 준거 설정은 매우 중요하다.

3. L2 말하기 평가는 문법, 어휘, 담화, 유창성, 전반적 인상을 주로 평가한다. 이중 전반적 인상은 말하기 평가의 주요한 핵심이 된다.

4. 평가시 과제 설정을 고려해야 한다. 피평가자가 초급인 경우 주어진 문장 보고 말하기, 단답형 질문에 답하기 과제 등이며, 중급인 경우 경험이나 계획을 말하기 등의 구조 확정형 과제를 제시한다. 고급수준에서는 도표, 그래프 설명, 의견제시, 설득 등의 과제를 제시한다.

5. 평가의 신뢰도를 확보하기 위해서는 일정 부분의 평가자 교육은 필요하다. 이 교육의 핵심은 평가자의 내적 일관성을 확보하는 것이다.

6. 유창성 발화와 평가와의 관계에서 각 언어별로 공통점과 차이점이 있다. 공통점은 발화 속도와 휴지구간이 평가에 상당한 영향을 미친다. 차이점은 언어가 갖는 음운론적 구조에 의하여 일부 신호의 위계가 달라질 수 있다.

4. 분석 도구

본 장에서는 유창성 평가 분석에 필요한 소프트웨어에 대하여 다루고자 한다. 가장 유용하게 사용할 수 있는 프로그램은 발화 유창성 측면에서 PRAAT, 인지 유창성 측면에서 FACETS, 그리고 발화와 인지의 상호작용을 살펴보기 위한 통계 프로그램인 SPSS가 있다. 물론 여기에 소개되는 프로그램들 이외에도 우수한 프로그램들이 많이 있지만, 여기에서는 유창성 분석을 하는 데 가장 필요한 세 가지 프로그램 위주로 다루었다.

4.1. PRAAT

발화 유창성을 측정하는 가장 보편적이고 효율적인 프로그램은 PRAAT (Boersma, Weenink, 2021)이다. 무료로 배포되는 이 프로그램은 언어학 음성학 음운론 전공자들 사이에서 널리 사용되고 있다. 여기에서는 발화 유창성 측정을 위한 기본적인 사용법을 다루도록 하겠다.

다운로드

구글 검색창에서 'Praat 다운로드'를 입력한 다음 'Download Praat' 항목으로 이동한다. 이때 반드시 <그림 12>와 같은 화면이 나타나는지 확인해야 하는데, 이는 여러 유사 웹사이트가 있기 때문이다. 확실히 하고자 한다면, 다음 주소창을 직접 입력한다: https://www.fon.hum.uva.nl/praat/download_win. html.

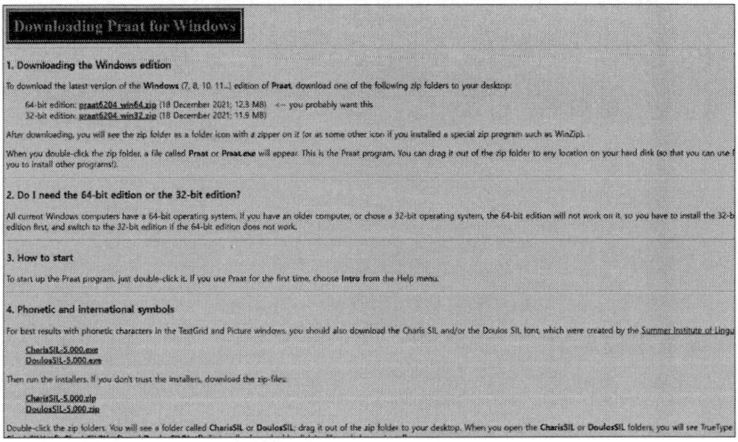

그림 12 Praat download 화면

요즘 컴퓨터 대부분은 64비트를 사용함으로 'praat6204 win64.zip' 파일을 내려받는다. 설치가 끝나면 다음 화면이 뜬다.

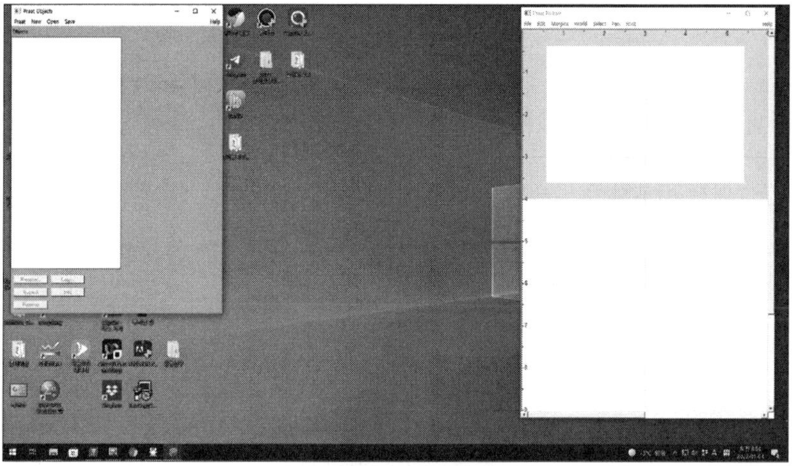

그림 13 Praat 설치 화면

왼쪽은 Objects 창으로서 분석을 운영하는 컨트롤 박스로 구성되어 있고, 오른쪽은 분석을 그림으로 나타내는 Picture 창이다. 기초단계에서는 Picture창은 거의 사용하지 않는다.

녹음

녹음은 별도의 디지털 녹음기를 이용하여 컴퓨터로 전송하거나, 컴퓨터로 직접 인입하는 방법 두 가지가 있다. 대개 야외 필드 작업을 할 경우에는 디지털 녹음기를 사용한다. 비록 권장하지는 않지만, 휴대폰을 사용할 수 있는데, 이 경우 wav. 파일로 저장할 수 있어야 한다.

실내 작업인 경우는 데스크톱이나 노트북 컴퓨터를 이용하여 직접 입력하는 방법이 있다. 이 경우 여러 녹음 프로그램 중에 Praat 프로그램을 이용하여 녹음이 가능하다. 다음은 Praat 프로그램을 이용하여 녹음하는 방법을 간단히 소개하고자 한다.

첫째로 Praat Objects 창을 연다.

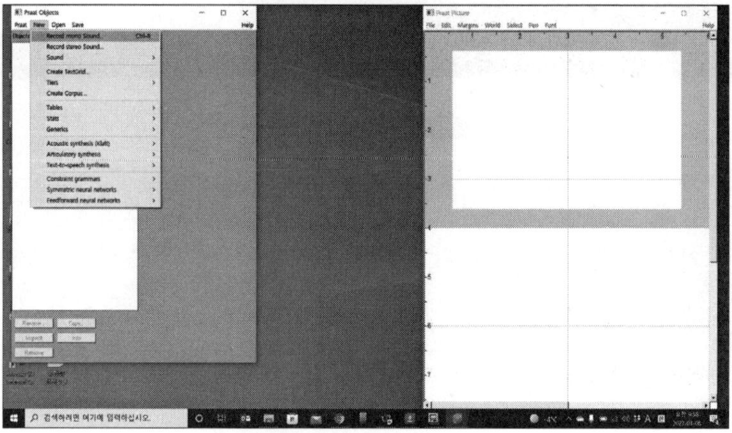

그림 14 Praat Objects 창

Praat objects에는 네 개의 단추가 있다. 녹음은 두 번째 단추인 'New'에서 'Record mono sound'(CTRL-R)를 눌러서 녹음한다.

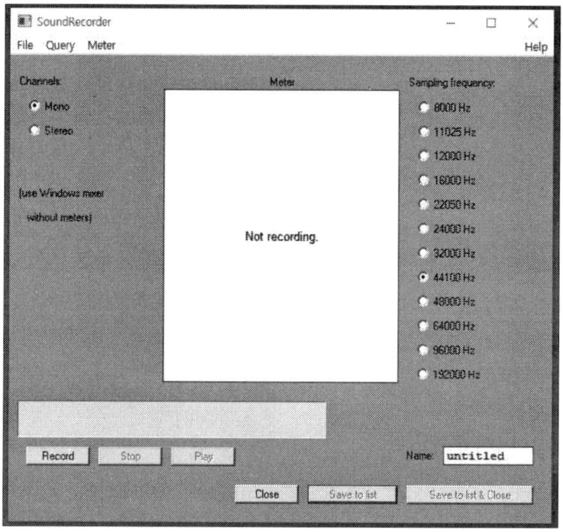

그림 15 녹음 창

녹음창에서 디폴트로, 채널은 모노, 주파수는 44,100Hz로 되어 있다. 모노 사운드로 녹음하는 이유는 분석할 때 좀 더 간편하고 명확하게 분석이 되기 때문이다. 스트레오 음성 분석은 스펙트럼에 왼쪽 오른쪽 두 개의 음성 파일이 겹쳐져서 나오기 때문에 혼동을 준다. 'Record'를 누르고 녹음하면 'meter'창에 빨간색 표시가 움직인다. 이는 정상적으로 녹음이 이루어지고 있다는 표시이다. 녹음이 끝나면 'name'에 파일명을 입력하고, 'save to list & close'를 누르면 다음 화면으로 이동한다.

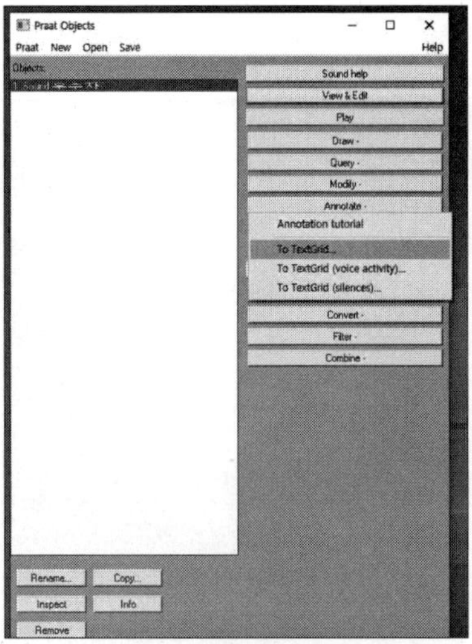

그림 16 파일 업로드창

<그림 16> 단추창에서 'Annotate - to textgrid'순으로 활성화한다. 이는 분석에서 신호, 단어, 운율 정보 같은 텍스트 정보를 입력하여 저장하기 위함이다. 저장된 파일은 나중에 꺼내쓸 수 있고, 스크립트를 이용한 반자동 음성 분석에도 유용하게 사용할 수 있다. <그림 17>은 텍스트그리드(textgrid)창을 보여주고 있다.

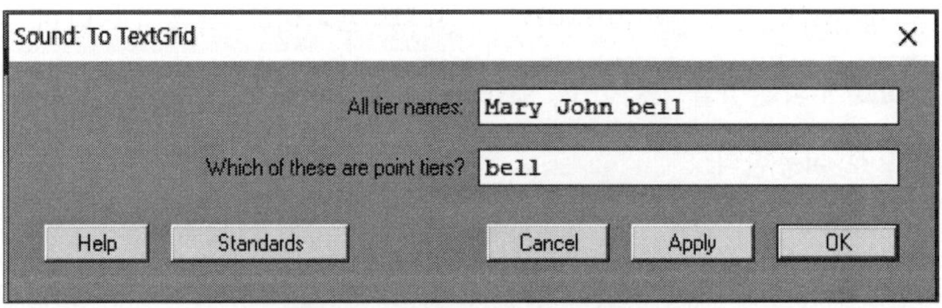

그림 17 기존 텍스트그리드(textgrid) 창

'All tier names'는 티어의 개수, 'point tier'는 이 티어중 포인트 형태로 설정하려는 티어를 정해준다. 구간을 나타내는 티어인 'Mary John bell'과 포인트 티어인 'bell'을 지우고 설정하고자 하는 티어명을 입력한다. 만약 설정하고자 하는 포인트 티어가 없다면 공란으로 놔둔다. 보통 구간 티어명은 '신호, 음절, 단어, 문장' 등으로 하는 경우가 많으며, 포인트 티어는 강세를 표시할 때 사용한다.

다음 예는 실제적으로 발음 문장을 분석할 때 텍스트그리드 창을 응용한 것이다. 첫째로, 티어창에 기존의 'Mary John bell'을 삭제하고 티어명과 포인트 티어에 적용할 수 있는 티어명를 기재한다.

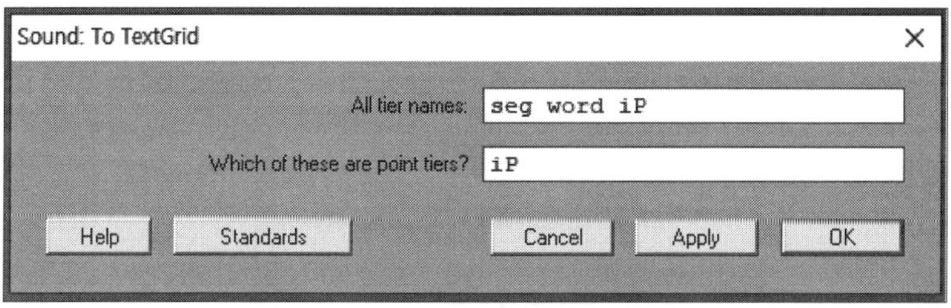

그림 18 적용 텍스트그리드(textgrid) 창

티어(tier)의 명명은 자유롭게 할 수 있다. 여기서는 임의로 티어(tier)를 seg(분절), word(단어), IP(구)로 구분하였고, 포인트 티어는 IP로 지정하였다. 분절 신호인 seg와 단어 word는 구간내의 음향 정보인 포만트, 기본 주파수, 스펙트럼 정보를 필요로 하기 때문이다. IP는 억양구(intonational phrase)를 의미하며 기본 주파수로 구현되는 억양의 최정점을 파악하기 위하여 'point tier'로 설정하였다.

'OK'를 누르면 다음 화면이 뜬다.

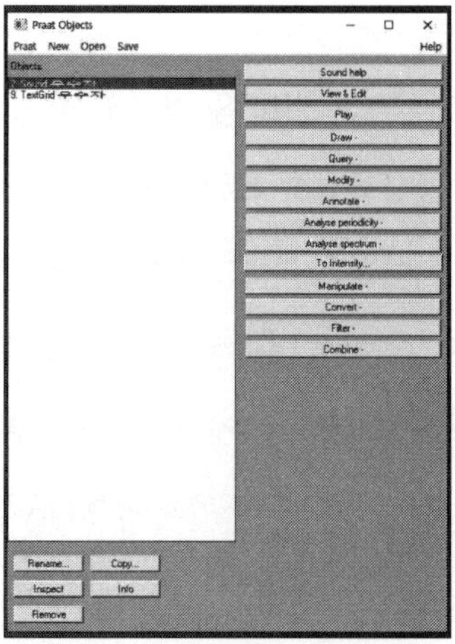

그림 19 음성 및 텍스트그리드 창

Object 창에 있는 두 개의 파일을 콘트롤키를 동시에 눌러서 클릭하면 두 개의 파일이 동시에 잡힌다.

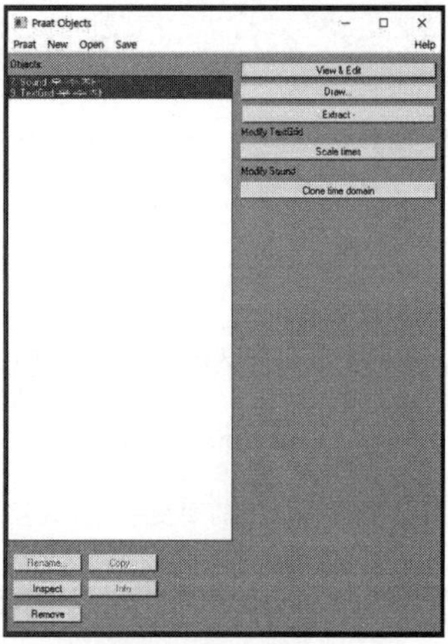

그림 20 파일 선택창

'View & Edit'를 누르면 다음 화면이 뜬다.

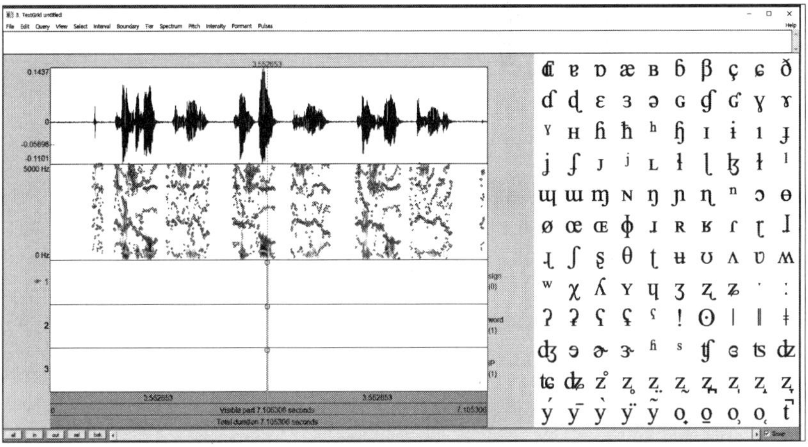

그림 21 티어 입력창

오른쪽의 음성 기호는 구간 티어란에 삽입할 때 사용한다. 우선 각 티어란에 경계를 설정하여야 한다. 마우스 오른쪽을 누르면 파란 색 선이 생긴다. seg(분절)란에는 각 자/모음의 발음기호, word(단어)에는 단어, 포인트 티어인 IP(억양구)에는 기본 주파수 최정점 및 최하점, 급격한 변화지점을 표시한다. 발음 기호를 기재할 때는 자판의 영어 알파벳을 우선적으로 이용하고, 자판에 없는 발음 기호는 오른쪽에 있는 발음 기호를 적용하면 된다. 발음 기호에 대한 자세한 사항은 Ladeforged · Johnson(2014)을 참조하기를 바란다.

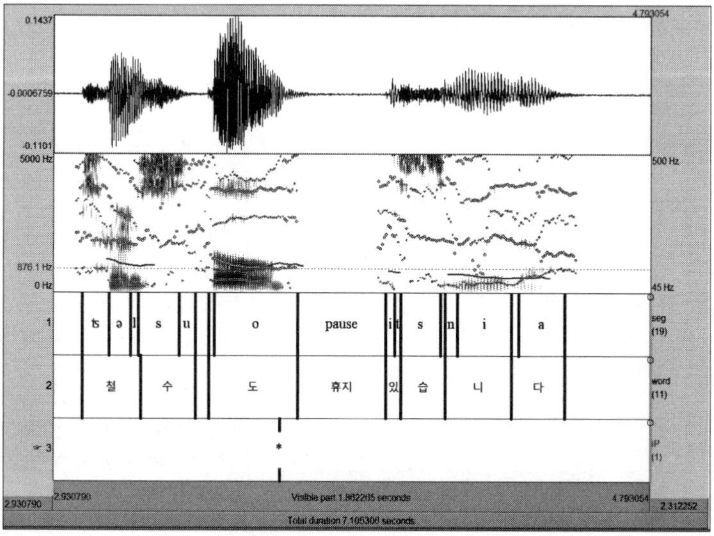

그림 22 텍스트 정보 입력

이 화면은 예시 문장인 '철수도 있습니다'를 구간 티어와 포인트 티어에 입력한 모습이다. 이런 표시 작업이 완성되면 분석할 준비가 되어 있는 것이다.

기본적 분석

기본적으로 분절음 측면에서는 자음/모음 구간 길이, 모음의 포만트 구조, 기본 주파수 정도이다. 초분절적 요소로는 발화 속도, 휴지 구간, 전체 문장 기본 주파수 범위(억양), 최고 주파수 위치, 경계 신호 등을 살펴볼 수 있다. 예시에서의 기본적 분석에는 분절적 측면에서는 구간 정보를, 그리고 초분절 측면에서는 발화 속도, 휴지 구간 및 빈도수, 기본 주파수 범위 등을 보여주고자 한다.

예시 발화인 '철수도 있습니다'를 분석해 보면 다음과 같다. <표 12>의 표 형식이 필요한 이유는 엑셀 파일로 정리하거나 SPSS로 정리하여 통계 처리를 하여야 하기 때문이다.

<표 12> 분절음 구간 정보

분절음	자/모음	음운위치	조음방법/조음점	구간 길이(ms)
철	ㅊ	초성	파찰음	83
	ㅓ	중성	중설 중모음	68
	ㄹ	종성	유음	23
수	ㅅ	초성	마찰음	125
	ㅜ	중성	후설 고모음	51
도	ㄷ	초성	폐쇄음	10
	ㅗ	중성	후설 중모음	261
있	ㅣ	중성	전설 고모음	20
	ㅆ	종성	마찰음	10
습	ㅅ	초성	마찰음	122
	ㅡ	중성	중설 고모음	20
	ㅂ	종성	폐쇄음	5
니	ㄴ	초성	비음	39
	ㅣ	중성	전설 고모음	167
다	ㄷ	초성	폐쇄음	15
	ㅏ	중성	후설 저모음	141

<표 13>은 <표 12>의 분절음 구간 정보를 바탕으로 초분절적 요소인 전체 억양구에서의 발화 길이, 발화 속도, 휴지 구간, 휴지 빈도, 기본 주파수 범위 정보를 나타낸 것이다.

<표 13> 초분절 신호 정보

측정 신호	측정치
발화 길이	1.50(초)
발화 속도	0.21(초)
휴지 구간	274 ms
휴지 빈도	1(회)
기본 주파수 범위	62Hz

음성 샘플인 '철수도 있습니다'의 유창성 발화를 분석해 보면, 전체 발화 길이는 1.50초이며, 발화 속도는 음절당 0.21초, 휴지구간은 274ms(0.27초), 휴지 빈도수 1회, 억양의 높낮이를 나타내는 기본 주파수 범위는 62Hz를 보여주고 있어서, 전형적인 한국어 원어민 발화임을 알 수 있다.

유창성 분석

기본적 측정을 바탕으로 외국인 발화자 대상 유창성 측정에 사용하는 신호들을 분석하고자 한다. 다음 표는 유창성을 측정하는데 사용하는 일반적인 신호와 정의를 도표화 한 것이다.

<표 14> 유창성 측정 신호(Kormos, 2006; Segalowitz, 2010)

신호	정의
발화속도(음절/분)	휴지구간포함 전체 발화 시간을 음절수로 나눔 (60초 기준)
조음속도(음절/분)	휴지구간제외 전체 발화 시간을 음절수로 나눔 (60초 기준)
발성-시간 비율	전체 녹음 샘플 발화시간에 대한 발성 시간의 퍼센트 비율
평균 진행 구간길이 (음절수)	휴지구간(250ms)사이의 평균 음절 수
묵음 휴지 비율	전체 발화 시간을 전체 휴지(200ms이상)시간으로 나눔
평균 휴지 길이	전체 발화에서의 평균 휴지 길이(200ms이상)
무의미발화포함 휴지	전체 발화시간을 무의미발화포함 휴지시간을 나눔
비유창성 구간	전체 발화시간에서의 비유창성(반복, 재시작, 재수정 등) 시간
리듬감(pace)	분당 강세 단어수
강세 간격(space) 비율	전체 단어수에 대한 강세 단어 비율

<표 14>의 유창성 측정 신호들을 모두 사용할 필요는 없다. 목표어나 습득 환경에 따라 유의미하게 여겨지는 신호를 선택할 수 있다. 그러나, 발화 속도와 휴지 구간 길이는 필수적으로 포함된다.

유창성 분석 예시

예시로서 30명의 영어권/중국어권 원어민 한국어 학습자를 대상으로 이루어진 연구에서 이루어진 샘플 자료를 제시하고자 한다. 결과 분석으로 2명을 선정하여 발화 유창성을 비교하고자 한다. 과제는 그림 설명 과제이다. 주어진 사진을 보고 60초 후에 3문장 이상으로 설명하도록 하였다.

그림 23 과제 제시 화면

이 실험에는 모두 30명의 영어권/중국어권 한국어 학습자가 참여하였다. 참여자 중 체류 경험이 동등한 2명의 발화 샘플을 이용하여 유창성 발화 분석이 어떻게 이루어지는지를 보여주고자 한다.

다음 그림은 A 참여자의 발화를 Praat 프로그램을 이용하여 분석한 것이다.

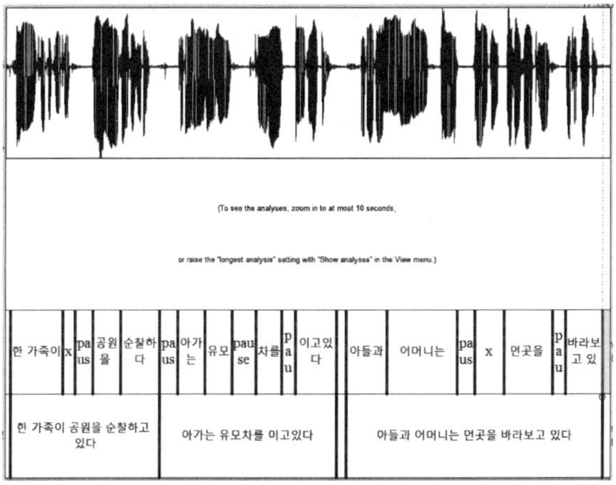

그림 24 참여자 A의 발화 분석 그림

이 참여자는 한국에 온 지 약 1년 정도 되는 학생인데, 녹음 당시 한국어 실력은 중급이다. 이 학생은 '한 가족이 공원을 순찰하고 있다. 아기는 유모차를 이고 있다. 아들과 어머니는 한 곳을 바라보고 있다'고 발화 하였다. 분석 결과 이 참여자는 지시문에 따라 세 문장을 완성하고 있지만, 어휘 선택에 문제가 있음을 알 수 있다. '순찰하고', '이고 있다' 등은 어휘 선택이 잘못되고 있음을 보여준다. 이는 전반적 수행 능력에서 감점 요인이다.

이 분석은 Kormos(2000)와 Segalowitz(2010)의 <표 14>에 근거한 유창성 신호 측정 방식을 이용하여 측정하였다. 그러나, 주어진 신호 정의에 약간의 수정을 하였다. 즉, 예시 문장의 발화 길이가 17.17초에 불과하여 분당 측정 방식을 초당 합산 방식으로 수정하였다. 또한 한국어는 리듬 박자 언어인 영어와 달라서 리듬-박자를 측정한 리듬감과 강세 간격비율은 제외하였다. 분석 결과는 다음과 같다.

<표 15> 참여자 A의 발화 분석표

신호	계산식	결과
발화속도	발화시간/음절수	17.71(초)/39 = 0.45(초)
조음속도	순수발화시간/음절수	12.37(초)/39 = 0.31(초)
발성 시간 비율	순수발화시간/전체발화시간	12.37(초)/17.71(초) = 69%
평균 진행 구간 길이 (음절수)	음절수/휴지 구간 사이	(7+5+2+7+3+6)/6 = 5
묵음 휴지 비율	묵음구간/전체 발화시간	2.51(초)/17.71(초) = 14%
평균 휴지 길이	순수 휴지 길이	2.51(초)
무의미 발화 포함 휴지	무의미포함 휴지구간/전체발화시간	3.75(초)/17.71(초) = 21%
비유창성 구간 비율	비유창성 구간/전체발화시간	1,24(초)/17.71(초) = 7%

다음 예는 B 피험자의 발화예이다. 이 학생은 위의 발화자와 마찬가지로 한국에 온 지 약 1년 정도 되는 학생인데, 녹음 당시 한국어 실력은 고급이었다. 이 학생은 '주말에 가족들과 함께 공원에 갔다. 엄마는 치마를 입고 있다. 아들은 모자를 쓰고 있다'고 발화 하였다. 분석 결과 이 참여자는 선행 참여자보다 유창성 능력이 더 우수함을 엿볼 수 있다. 어휘 선택에서도 전혀 문제가 없으며, 한국어 원어민과 비교해도 손색이 없었다. <그림 25>는 이 참여자의 Praat 분석이다.

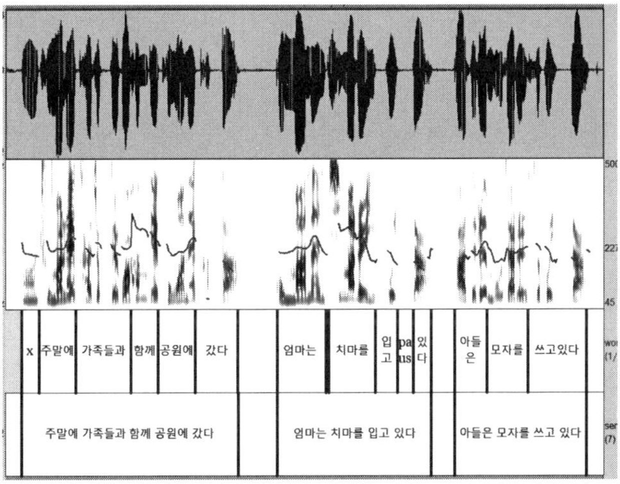

그림 25 참여자 B의 발화 분석 그림

참여자 B의 Praat을 이용한 유창성 신호 분석은 다음과 같다.

<표 16> 참여자 B의 발화 분석표

신호	계산식	결과
발화속도	발화시간/음절수	7.53(초)/34 = 0.22(초)
조음속도	순수발화시간/음절수	7.32(초)/34 = 0.21(초)
발성 시간 비율	순수발화시간/전체발화시간	7.32(초)/7.53(초) = 97%
평균 진행 구간 길이(음절수)	음절수/휴지 구간 사이	34/2 = 17
묵음 휴지 비율	묵음구간/전체 발화시간	0.21(초)/7.53(초) = 2%
평균 휴지 길이	순수 휴지 길이	0.21(초)
무의미 발화 포함 휴지	무의미포함 휴지구간/전체발화시간	0.45(초)/7.53(초) = 5.8%
비유창성 구간 비율	비유창성 구간/전체발화시간	0.23(초)/7.53(초) = 3%

비록 모국어가 동일하고 체류 경험 기간이 유사한 두 발화자이지만 발화 유창성은 매우 큰 차이를 보인다. 두 명의 피험자를 비교해 보면, 모든 신호에서 확연한 차이를 보인다. 이들 신호 중 유창성 판단에 커다란 영향을 미치는 발화 속도에서는 약 2배(0.22초 대 0.45초), 무의미 발화 포함 휴지 구간 비율에서는 약 4배(5.8% 대 21%) 정도의 차이를 보인다. 발화 실험 후에 이루어진 유창성 평가에서는 A 피험자는 5점 만점에 2점, B 피험자는 4점을 득하여 발화 유창성 분석 결과와 비례함을 알 수 있다.

스크립트를 이용한 분석

음성 분석의 초보자인 경우는 'textgrid'를 설정하여 각각의 음성 파일을 일일이 조사하여 분석할 것이다. 그러나, 음성 발화가 30분 이상이 소요되는 경우는 분석해야 할 음성데이터가 많아지기 때문에 일일이 수작업 하기가 곤란해진다. 이런 경우는 스크립트를 이용하여 분석한다. 이 분석 방법은 시간이 절약되는 측면이 있지만, 프로그래밍 과정에서 오류가 발생했을 때, 기본적인 컴퓨터 지식이 있어야만 수정하여 진행할 수가 있다.

이 스크립트는 프로그래밍 언어인 C 언어의 일종이다. 스크립트 파일은 구글 검색기나 Praat 자체에서 구할 수 있다. 다음은 Praat에서 구하는 방법을 소개하고자 한다. 우선 Praat 프로그램의 Objects

창의 'Help' 단추에서 'search for Praat manual'이나 'Ctrl-M'을 클릭한다. 창에 'scripts'을 입력한다.

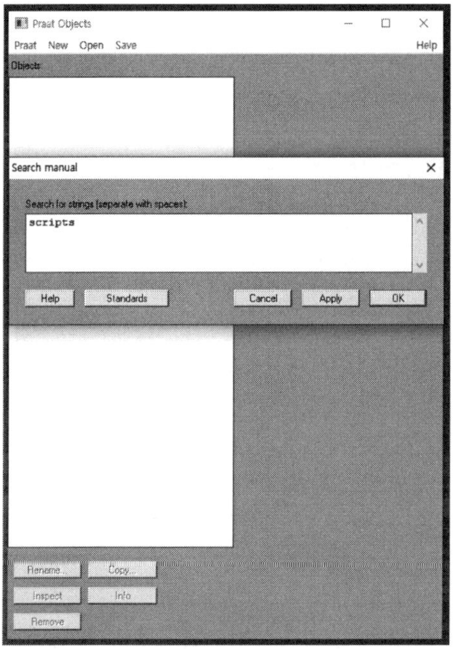

그림 20 스크립트 파일 선택

'OK'를 클릭하면 다음과 같은 화면이 뜬다.

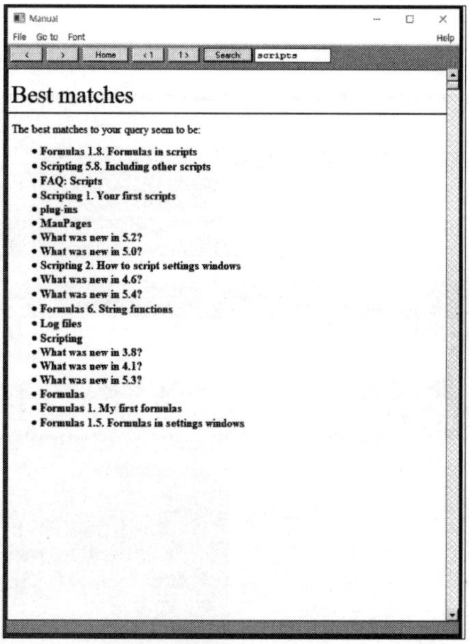

그림 27 스크립트 파일 정보

여기에는 스크립트 공식 및 작동원리 이외에도 기본 주파수(f_0), 포만트, 강도(intensity), 구간 등을 측정하는 스크립트들이 들어있다. 자세히 들여다보면 음성 분석하는 데 많은 도움을 받을 것이다.

다음은 간단한 예로서 스크립트를 이용한 기본 주파수(f_0)를 추출하는 과정을 소개하고자 한다. <그림 28>은 Praat 스크립트에서 복사하여 저장한 파일들이다. 이 중에서 기본 주파수 스크립트 파일을 선택하였다.

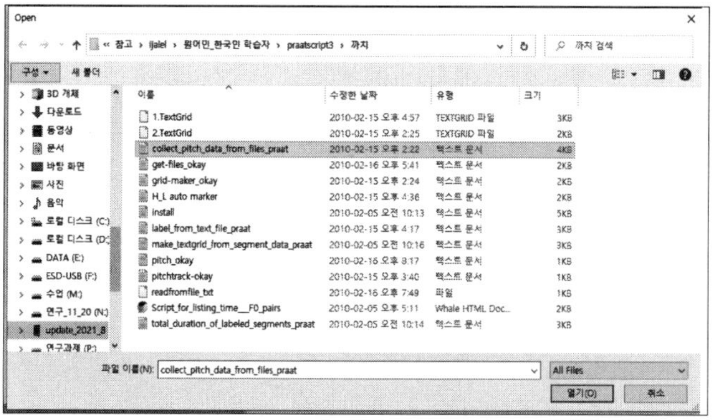

그림 28 스크립트 파일 선택

기본 주파수를 추출하는 스크립트 파일을 선택한 다음 메모장을 이용하여 연다.

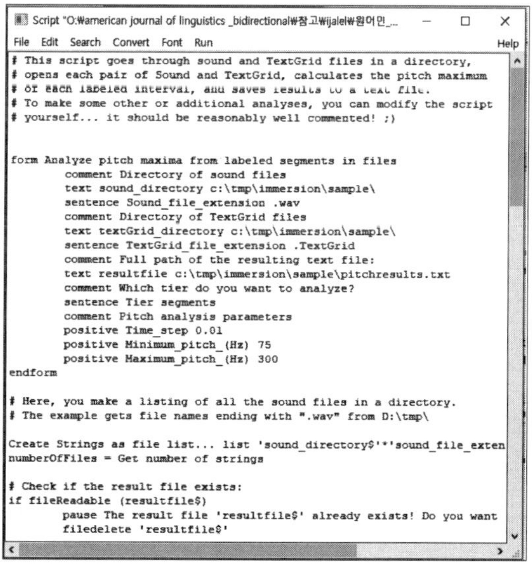

그림 29 메모장에서의 기본 주파수 스크립트

위 메모장에서 맨 오른쪽의 'run'을 누르면 objects 창에 각 파일 리스트가 뜬다. 그것을 하나씩 눌러주면 기본 주파수가 자동으로 생성된다.

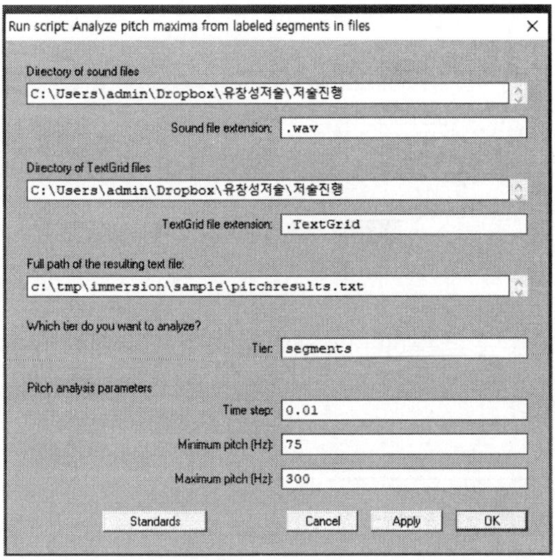

그림 30 기본 주파수 분석창

이를 실행하면 각 음성 파일의 기본 주파수를 살펴볼 수 있고, 지정된 위치에 정보를 저장할 수 있다. 그러나, 이 과정에서 운용 에러가 자주 발생하기 때문에 컴퓨터에 대한 기본적인 지식이 요구된다.

다음 예는 '기본 주파수'를 구하는 스크립트의 예이다. '#'는 설명문으로 컴퓨터가 인식하지 못한다. 이 칸에는 스크립트 설계 및 적용과정에서의 팁들을 적어놓는다.

예시. 기본 주파수 스크립트 예시

```
# This script goes through sound and TextGrid files in a directory,
# opens each pair of Sound and TextGrid, calculates the pitch maxi-
mum
# of each labeled interval, and saves results to a text file.
# To make some other or additional analyses, you can modify the
script
# yourself... it should be reasonably well commented!
# 이 스크립트는 환경에 맞게 재설정해야합니다. 각 스크립트에는
저작권이 있을수 있으니 상업적 목적에는 사용하지 마시기 바랍니
다.

form Analyze pitch maxima from labeled segments in files
	comment Directory of sound files
	text sound_directory c:\ksh\sample\
	sentence Sound_file_extension .wav
	comment Directory of TextGrid files
	text textGrid_directory c:\ksh\sample\
	sentence TextGrid_file_extension .TextGrid
	comment Full path of the resulting text file:
	text resultfile c:\ksh\sample\
	comment Which tier do you want to analyze?
	sentence Tier segments
	comment Pitch analysis parameters
```

```
        positive Time_step 0.01
        positive Minimum_pitch_(Hz) 75
        positive Maximum_pitch_(Hz) 300
endform

# Here, you make a listing of all the sound files in a directory.
# The example gets file names ending with ".wav" from D:\ksh

Create Strings as file list... list
'sound_directory$'*'sound_file_extension$'
numberOfFiles = Get number of strings

# Check if the result file exists:
if fileReadable (resultfile$)
        pause The result file 'resultfile$' already exists! Do you want
to overwrite it?
        filedelete 'resultfile$'
endif

# Write a row with column titles to the result file:
# (remember to edit this if you add or change the analyses!)

titleline$ = "Filename      Segment label     Maximum pitch
(Hz)'newline$'"
fileappend "'resultfile$'" 'titleline$'
```

```
# Go through all the sound files, one by one:
for ifile to numberOfFiles
        filename$ = Get string... ifile
        # A sound file is opened from the listing:
        Read from file... 'sound_directory$''filename$'
        # Starting from here, you can add everything that should be
        # repeated for every sound file that was opened:
        soundname$ = selected$ ("Sound", 1)
        To Pitch... time_step minimum_pitch maximum_pitch
        # Open a TextGrid by the same name:
        gridfile$ =
"'textGrid_directory$''soundname$''textGrid_file_extension$'"
        if fileReadable (gridfile$)
                Read from file... 'gridfile$'
                # Find the tier number that has the label given in
the form:
                call GetTier 'tier$' tier
                numberOfIntervals = Get number of intervals... tier
                # Pass through all intervals in the selected tier:
                for interval to numberOfIntervals
                        label$ = Get label of interval... tier interval
                        if label$ <> ""
                                # if the interval has an unempty
label, get its start and end:
                                start = Get starting point... tier interval
```

```
                                                  end = Get end point... tier interval
                                                  # get the Pitch maximum at that interval
                                                  select Pitch 'soundname$'
                                                  pitchmax = Get maximum... start
end Hertz Parabolic
                                                  printline 'pitchmax'
                                                  # Save result to text file:
                                                  resultline$ = "'soundname$'
'label$'   'pitchmax'newline$"
                                                  fileappend "'resultfile$'" 'resultline$'
                                                  select TextGrid 'soundname$'
                                        endif
                              endfor
                              # Remove the TextGrid object from the object list
                              select TextGrid 'soundname$'
                              Remove
                    endif
                    # Remove the temporary objects from the object list
                    select Sound 'soundname$'
                    plus Pitch 'soundname$'
                    Remove
                    select Strings list
                    # and go on with the next sound file!
endfor
```

```
Remove
# This procedure finds the number of a tier that has a given label.

procedure GetTier name$ variable$
    numberOfTiers = Get number of tiers
    itier = 1
    repeat
            tier$ = Get tier name... itier
            itier = itier + 1
    until tier$ = name$ or itier > numberOfTiers
    if tier$ <> name$
            'variable$' = 0
    else
            'variable$' = itier - 1
    endif

          if 'variable$' = 0
                    exit The tier called 'name$' is missing from the file
'soundname$'!
          endif

endproc
```

4.2. FACETS

프로그램 소개

평가자의 평가 검증에는 FACETS 프로그램이 주로 쓰인다. 이 프로그램은 다국면 라쉬모형에 근거하여 측정하도록 Lincare와 Wright가 1989년에 개발한 측정 컴퓨터 프로그램이다(Lincare, 2005). 이 프로그램은 피험자 능력, 문항 난이도, 평가자 엄격성과 같은 모수들을 위해 측정치, 적합도 통계치 등의 여러 가지 국면들을 동일한 척도상에 비교해 볼 수 있도록 하였다. 특히 이 프로그램은 각 평가자들의 엄격함이나 관대함 정도, 그리고 특정 문항이나 평가영역에 관한 편향적 평가 경향을 확률적으로 추적하여 평가자 훈련과 시험 타당화 연구에 도움을 준다. 이 Rasch 모형에 근거한 FACETS 프로그램은 주관적인 쓰기/말하기 평가영역에서 신뢰성 있는 평가도구로 인정받고 있다(North & Schneider, 1998; Weigle, 1998).

이 FACETS 프로그램은 다단면 Rasch 모형(multi-facets Rasch model)을 근거로 하는데, 여기서 단면(facet)은 평가 결과에 영향을 미치는 변인을 의미하며, 주로 이 분야의 연구에서는 채점자 배경 변인, 개별적 채점자 변인, 평가 문항 변인, 평가영역 변인, 수험자 변인 등이 분석 대상이다. 이 변인 이외에도 요인(component)이 분석되는데, 채점자 요인에는 채점자 간 엄격도, 채점자 내 일관성, 평가 문항 및 평가영역 타당도 등을 분석한다.

이 프로그램은 Rasch 모형공식을 기초로 하는데

log(Pnijk/Pnijk-1) = Bn- Di - Cj- Fk

n: 수험자
i: 문항
j: 채점자

등급 점수 Pnijk-1에서보다 높은 등급 점수 Pnijk를 얻을 확률을 log 값으로 변환한다. 즉,

log지수 = 수험자 n의 능력 - 문항 i의 난이도 - 채점자 j의 엄격성 - 등급 상승의 어려움

을 나타낸다. 이 프로그램은 주관적인 여러 평가 단면을 log값으로 객관화하여 비교적 손쉬운 자료 비교 및 관리를 가능하게 해준다.

평가 진행

평가자 평가 자료 파일 작성은 완전 교차 설계 방식과 부분 교차 설계 방식이 있다. 완전 교차 방식은 비교적 소규모 피평가자 평가에, 부분 교차 방식은 대규모 평가에 이용된다. 완전 교차 설계 방식은 모

든 채점자가 모든 수험자에 대하여, 그리고 모든 과제에 대하여 동일하게 적용된 평가영역에 대하여 채점하는 형태이다. 예를 들어 다음 표는 평가자 3명이 피평가자 3명을 대상으로 유창성을 채점한 도표이다.

<표 17> 완전 교차 설계 예시(만점 5점)

	평가자 1			평가자 2			평가자 3		
	유창성	담화	응집성	유창성	담화	응집성	유창성	담화	응집성
피평가자 1	2	3	1	3	3	2	4	3	1
피평가자 2	3	3	4	2	3	4	3	3	4
피평가자 3	0	1	0	2	1	2	1	2	2

완전 교차 방식과는 달리 부분 연결 방식은 대규모 평가 시험에 적용할 수 있다. 예를 들어 3명의 평가자가 3명의 피평가자들을 평가한다고 했을 때, 1번 평가자가 공통적으로 3명의 피평가자들을 채점하고, 2번 평가자는 1번, 2번 평가자를, 3번 평가자는 3번 평가 참여자를 채점했다고 했을 때 부분 연결 방식을 사용할 수 있다. 이 부분 연결 방식은 100명 이상의 대규모 피평가자들을 평가할 때 사용할 수 있다.

<표 18> 부분 교차 설계 예시(만점 5점)

	평가자 1			평가자 2			평가자 3		
	유창성	담화	응집성	유창성	담화	응집성	유창성	담화	응집성
피평가자 1	2	3	1	3	3	2	4	3	1

피평가자 2	3	3	4	2	3	4			
피평가자 3							1	2	2

자료 입력

자료 입력 방식은 다음 순서를 따른다.

1. 자료파일 작성 (.dat)

2. 키 파일작성 (.key)

3. FACFORM실행

4. FACFORMoutput(.fac)

5. 수정후 명령어 파일 작성 (.sd)

6. FACETS 실행

7. 결과 파일 (.out)

첫번째 순서인 자료 입력 방식에는 텍스트 파일을 이용하는 방법과 엑셀 파일을 이용하는 방법 두 가지가 있다. 텍스트 파일을 이용하는 방법은 메모장 프로그램을 이용하여 데이터를 입력하는 방법이다. 여기서 주의해야 할 점은 자료와 자료 사이에 반드시 ","(쉼표)를 넣어주어야 한다. 이는 각 항목의 입력값을 구분해주는 역할을 한다.

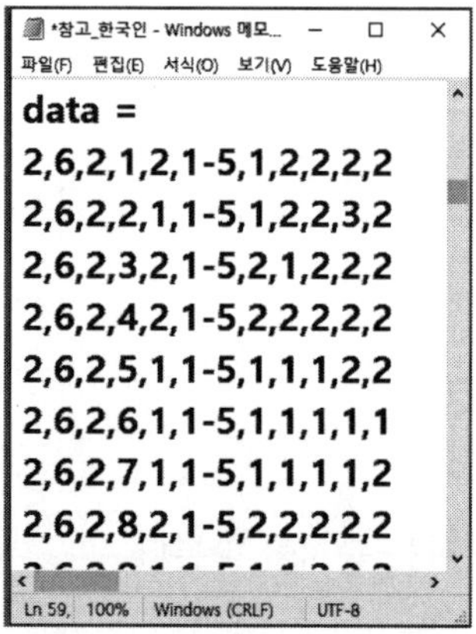

그림 31 메모장에서의 자료 입력

메모장을 이용하는 방법은 각 항목마다 쉼표를 붙여야 하는 번거러움으로 인하여 엑셀 프로그램을 이용하는 것이 좋다. 엑셀로 측정값을 입력한 뒤 csv 파일로 저장한 후, 메모 프로그램의 일종인 NOTEPAD ++프로그램으로 불러오는 방법이다. NOTEPAD ++프로그램의 장점은 오류가 발생했을 때 오류 위치를 신속하게 찾을 수 있다. NOTEPAD ++프로그램은 네이버나 구글에서 무료로 다운받을수 있다.

다음 그림은 엑셀 파일에 평가 자료를 입력한 것이다. 14명의 한국인 영어 학습자의 발화에 대하여 한국인 평가자와 영어 원어민 평가자 2개 집단이 5개의 평가영역에 대하여 평가를 하였다. 맨 윗칸에는 집단(group), 평가자(rater), 과제(question), 피평가자가 입력되며, E 항목부터는 평가영역이다. 평가영역에는 발음(pronunciation), 유창성

(fluency), 문법(grammar), 담화(discourse), 어휘(vocabulary)로 구성되어 있기 때문에, E 항목에는 평가영역 범위인 1-5로 표기되어 있다. 이는 평가 영역 범위가 발음, 유창성, 문법, 담화, 어휘의 5개 구인으로 구성되어 있음을 나타낸다. 각 영역에는 5점 Liket 방식(0~4)으로 표기되어 있다. 참고로 0은 매우 나쁨, 4는 매우 좋음을 의미한다.

	A	B	C	D	E	F	G	H	I	J	K
1	group	rater	question	testee(file name)		pronuncaition	fluency	grammar	discourse	vocabulary	
2	1	1	2	1	1-5	1	1	2	2	2	
3	1	1	2	2	1-5	1	1	2	2	2	
4	1	1	2	3	1-5	1	1	2	2	3	
5	1	1	2	4	1-5	1	2	2	3	2	
6	1	1	2	5	1-5	1	2	1	2	3	
7	1	1	2	6	1-5	1	1	1	1	1	
8	1	1	2	7	1-5	1	2	2	2	2	
9	1	1	2	8	1-5	1	2	2	1	1	
10	1	1	2	9	1-5	1	2	1	2	2	
11	1	1	2	10	1-5	1	3	2	3	2	
12	1	1	2	11	1-5	1	1	2	2	1	
13	1	1	2	12	1-5	1	2	2	3	2	
14	1	1	2	13	1-5	1	1	1	1	2	
15	1	1	2	14	1-5	1	2	1	2	2	
16	1	1	3	1	1-5	1	3	2	3	2	
17	1	1	3	2	1-5	1	2	3	3	3	
18	1	1	3	3	1-5	1	1	2	2	2	

그림 32 엑셀 파일 평가 항목의 일부

<그림 32>에서 'group' 항목의 1은 한국인 평가자 집단(2는 영어 원어민 평가자 집단), 'rater' 항목의 1은 평가자 1번, 'question' 항목은 제시된 과제 영역을 의미하는데 2, 3은 각각의 과제 종류를 뜻한다(2는 그림 설명, 3은 질문에 답하기). 'testee'는 피평가자이며 14명의 평가 내역이 기입된다. 이어진 항목에는 평가영역이 기입되는데 5개의 평가영역이기 때문에 E 항목에는 1-5로 기입된다. 즉, 첫 번째 평가 항목인 발음(pronunciation)부터 다섯 번째 항목인 어휘(vocabulary)를 한 묶음으로 인식하는데, 이는 완전 교차 설계(fully crossed design)방

식에 기인한다. 입력이 끝나면 엑셀 파일 중에 cvs로 저장하여야 한다. 이는 일반 엑셀 파일로 저장하는 경우 평가영역을 나타내는 1-5를 날짜로 인식하기 때문이다.

참고로 <그림 33>은 동일한 자료 내용을 메모장 프로그램을 이용하여 텍스트 파일에 작성한 것이다.

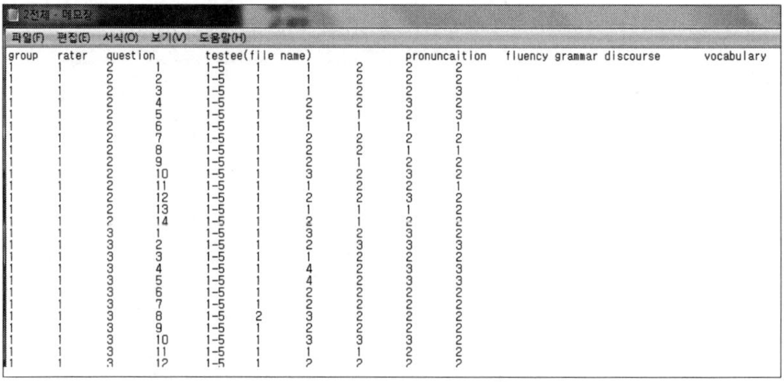


```
group   rater   question        testee(file name)               pronuncaition   fluency grammar discourse       vocabulary
1       1       2       1       1-5     1       1       2       2       2
1       1       2       2       1-5     1       1       2       2       2
1       1       2       3       1-5     1       1       2       2       3
1       1       2       4       1-5     1       2       2       3       2
1       1       2       5       1-5     1       2       1       2       3
1       1       2       6       1-5     1       1       1       1       1
1       1       2       7       1-5     1       2       2       2       2
1       1       2       8       1-5     1       2       2       1       1
1       1       2       9       1-5     1       2       1       2       2
1       1       2       10      1-5     1       3       2       3       2
1       1       2       11      1-5     1       1       2       2       1
1       1       2       12      1-5     1       2       2       3       2
1       1       2       13      1-5     1       1       1       1       2
1       1       2       14      1-5     1       2       1       2       2
1       1       3       1       1-5     1       3       2       3       2
1       1       3       2       1-5     1       2       3       3       3
1       1       3       3       1-5     1       1       2       2       2
1       1       3       4       1-5     1       4       2       3       3
1       1       3       5       1-5     1       4       2       3       3
1       1       3       6       1-5     1       2       2       2       2
1       1       3       7       1-5     1       2       2       2       2
1       1       3       8       1-5     2       3       2       2       2
1       1       3       9       1-5     1       2       2       2       2
1       1       3       10      1-5     1       3       3       3       2
1       1       3       11      1-5     1       1       1       2       2
1       1       3       12      1-5     1       2       2       2       2
```

그림 33 메모장 입력(텍스트 파일 예시)

메모장으로 입력하면 항목과 항목 사이에는 ','를 삽입하거나 탭(tab)을 이용한다. 메모장 입력이 어려운 점은 수백 개의 자료를 입력하는 과정에서 오류가 발생하기 쉽기 때문이다. 되도록이면 엑셀 파일 이용이 효율적일수 있기 때문에 이를 추천한다. 자료 입력이 이루어진 다음에는 본격적으로 FACETS 프로그램을 가동한다. 자료 입력이 완료되면 Facets 프로그램에서 분석하면 된다. 다음에는 Facets 프로그램 운용에 대하여 알아보도록 한다.

Facets 프로그램 설치

www.winsteps.com/facets.htm. 사이트에 접속하여 프로그램을 다운받는다.

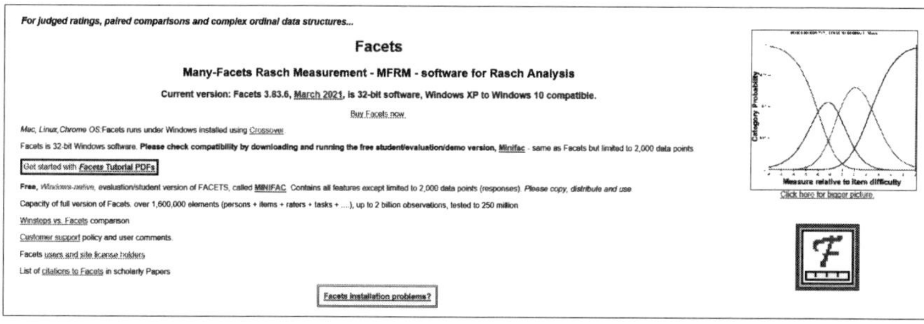

그림 34 Facets 프로그램 홈 페이지

첫 화면의 Free, Windows-native, evaluation/student version of FACETS, called MINIFAC. Contains all features except limited to 2,000 data points (responses). 항목에서 MINIFAC을 클릭한다. 이 의미는 2,000항목 이내의 자료는 무료로 이용할 수 있음을 알려준다.

2,000항목 이상을 넘어가는 자료는 학생용(대학원생 포함)인 경우 149달러를 지불하고 구입하여야 한다(2022년 현재). 보통 국내 저널지에 투고하려면 유료로 구입하는 것이 좋은데, 이는 보통 10명의 평가자가 초급 중급의 한국어 수준(2개 집단)의 20명의 실험 참가자들을 대상으로 유창성 평가 입력을 한다면 4,000항목(10*2*20)을 가볍게 넘어서기 때문이다.

여기에서는 무료용 MINIFAC 프로그램을 대상으로 설명하도록 하겠다. 클릭하면 다음 화면이 보인다.

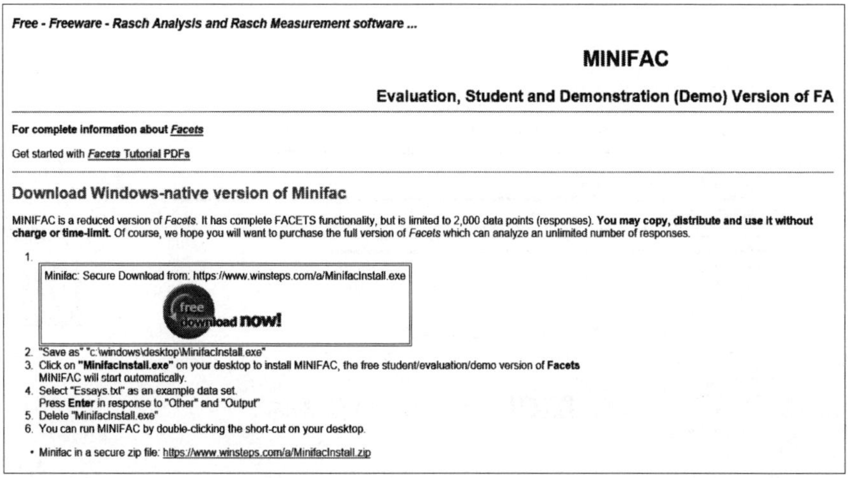

Free - Freeware - Rasch Analysis and Rasch Measurement software ...

MINIFAC

Evaluation, Student and Demonstration (Demo) Version of FA

For complete information about *Facets*

Get started with ***Facets* Tutorial PDFs**

Download Windows-native version of Minifac

MINIFAC is a reduced version of *Facets*. It has complete FACETS functionality, but is limited to 2,000 data points (responses). **You may copy, distribute and use it without charge or time-limit.** Of course, we hope you will want to purchase the full version of *Facets* which can analyze an unlimited number of responses.

1. Minifac: Secure Download from: https://www.winsteps.com/a/MinifacInstall.exe
   free download now!
2. "Save as" "c:\windows\desktop\MinifacInstall.exe"
3. Click on **"MinifacInstall.exe"** on your desktop to install MINIFAC, the free student/evaluation/demo version of **Facets**
   MINIFAC will start automatically.
4. Select "Essays.txt" as an example data set.
   Press **Enter** in response to "Other" and "Output"
5. Delete "MinifacInstall.exe"
6. You can run MINIFAC by double-clicking the short-cut on your desktop.

- Minifac in a secure zip file: https://www.winsteps.com/a/MinifacInstall.zip

그림 35 Minifac 윈도우 버전 다운로드

<그림 35>의 6번 항목 밑의 'Minifac in a secure zip file: https:// www. winsteps.com/a/MinifacInstall.zip'의 파일명을 클릭한다.

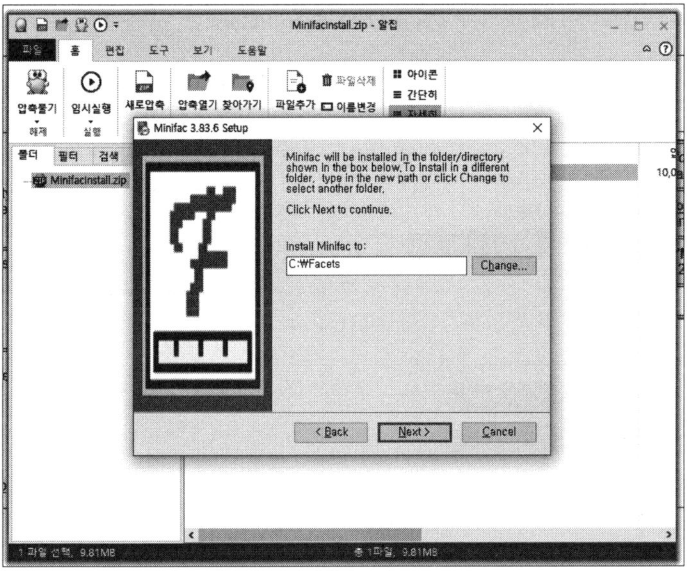

그림 36 Minifac 설치 과정

'zip' 파일을 풀면 위 화면처럼 설치가 시작된다. 다음 화면은 설치가 된 모습이다.

참고로 첫 화면에서 'Facform data formatter'나 사용설명서(manual)을 다운 받아서 이용할 수 있다. 사용 설명서는 영어로 되어있다.

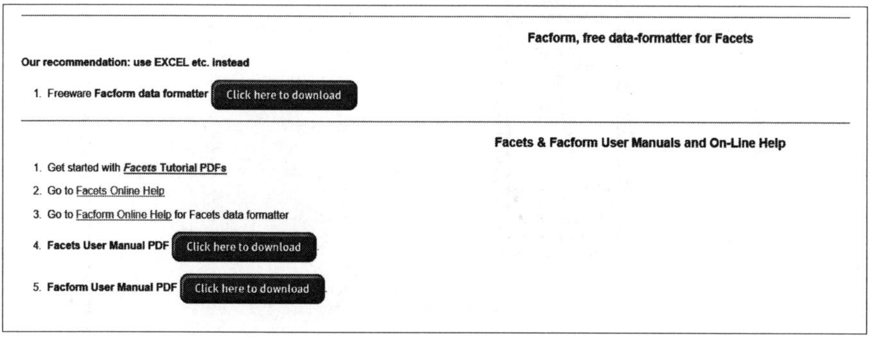

그림 38 참고용 파일

FACFORM 사용하기

FACFORM은 FACETS 프로그램을 실행하는 명령어 수행 프로그램이다. FACFORM을 실행하기 위해서는 keyword file(혹은 키파일)을 만들어야 한다.

키(Key) 파일

Facets 프로그램을 운용하기 위해서는 키 파일(keyword file)이 필요하다. 이 키 파일은 이 프로그램을 가동하는 두뇌라고 생각하면 된다. <그림 39>는 영어 말하기 평가에 대한 키(key) 파일의 예시 파일을 NOTEPAD++로 출력한 것이다.

```
; speakingrating.txt
Title = speaking rating difference
output = whole.out
facets = 6              ; group rater question testee criteria pronunciation fluency grammar discourse vocabulary
arrange = m, N          ; arrange tables by measure-descending, element number-ascending
yard = 0, 6
inter-rater = 2
models = ?, ?, ?, ?, ?, ?, R
positive = 1
noncenter = 1
1abels =
1, group                ; name of first facet
1=native English
2=Korean
*
2, rater
1=E1
2=E2
3=E3
4=E4
5=K1
6=K2
7=K3
8=K4
*
3, task
2=open-ended
3=direct res.
4=picture descrip.
5=opinion
*
4, testee
1=f1
2=m1
3=f2
4=f3
5=m2
6=m3
7=m4
8=f4
9=m5
10=m6
11=m7
12=m8
13=m9
14=f4
*
5, gender
1=male
2=female
*
6, area
1=pronunciation
2=fluency
3=grammar
4=discourse
5=vocabulary
```

그림 39 키 파일

NOTEPAD++로 출력하는 이유는 일반 메모장 프로그램을 이용하여 출력하는 경우 다음 <그림 40>처럼 내용이 엉키기 때문에 해석하기가 어렵다.

```
Vertical = (1A,2A,3A,4A,5A,6A,S) Yardstick (columns lines low high extreme)= 0,6,-2,2,End
+------------------------------------------------------------------------------------------+
|Measr|+group       |-rater |-task                |-testee  |-gender    |-area              |Scale|
|-----+-------------+-------+---------------------+---------+-----------+-------------------+-----|
|  2 +          +      +                    +        +         +                     + (4) |
|    |          |      |                   |        |         |                     |    |
|    |          |      |                   |        |         |                     |    |
|    |          |      |                   | f2     |         |                     |    |
|    |          |      |                   |        |         |                     | --- |
|    |          |      |                   |        |         |                     |    |
|  1 +          +      +                    + f5     +         +                     +     |
|    |          | K2   |                   |        |         |                     |    |
|    |          |      |                   | m3  m9   |         |                     |    |
|    |          | E1  K4 |                 | m4  m5   |         |                     |    |
|    | native English | E2    | open-ended          |        |         |               |    |
|    |          | K1   |                   | m7       |         | grammar    pronunciation  vocabulary  | 2 |
*  0 * Korean       *       * direct res.          *        * female  male  *            *    *
|    |          |      | opinion        picture descrip. |    |         | fluency            |    |
|    |          | K3   |                   | m1  m8   |         | discourse          |    |
|    |          | E4   |                   |        |         |                     |    |
|    |          |      |                   | f1  f4  m2 |       |                     |    |
|    |          |      |                   |        |         |                     |    |
| -1 +          +      +                    + m6     +         +                     + --- |
|    |          |      |                   | f3     |         |                     |    |
|    |          | E3   |                   |        |         |                     |    |
|    |          |      |                   |        |         |                     |    |
|    |          |      |                   |        |         |                     |    |
|    |          |      |                   |        |         |                     |    |
| -2 +          +      +                    +        +         +                     + (0) |
|-----+-------------+-------+---------------------+---------+-----------+-------------------+-----|
|Measr|+group       |-rater |-task                |-testee  |-gender    |-area              |Scale|
```

그림 40 메모장을 이용한 결과 파일 일부

FACFORM 실행 결과 중간 단계의 FAC 파일이 생성된다. 이 파일을 이용하여 명령어를 수정할 수 있고, 수정된 파일을 재투입하여 최종 결과를 산출할 수 있다. <그림 39>는 NOTEPAD ++ 프로그램을 이용하여 key 파일을 불러들인 화면이다. 이 화면에 나타난 명령어 파일인 key 파일은 다음과 같이 구성된다. 앞의 숫자는 문장 번호이다.

1: 텍스트 파일 제목

2: 제목. 이 화면에서는 분석할 내용에 대한 제목을 나타낸다.

3: FACETS 프로그램을 실행한 후 결과 파일에 대한 이름을 나타낸다. 이 파일명은 수정이 가능하다.

4: 분석할 국면(facets)의 수를 나타낸다. 여기에서는 집단(group) 평가자(rater) 과제(question) 피평가자(testee) 준거(criteria) 평가영역(pronunciation fluency grammar discourse vocabulary) 등 모두 6개 국면이다. 주의할 점은 평가영역은 항목은 5개이지만 하나의 국면으로 처리한다.

5: 결과표는 측정치가 큰 수치에서 작은 수치로 순서대로 보고하라는 명령어이다.

6: 결과 보고에 관련된 명령어이다. 결과 도표의 수직적인 측정치의 크기를 나타낸다.

7: 국면 2에 배정된 평가자들의 신뢰도를 구하라는 명령어이다.

8: models= ?,?,?,?,?,?,R는 반드시 필요한 명령어이다. 보통 다른 명령어들은 생략해도 상관이 없지만, 이 명령어는 프로그램 운용에 필수적인 항목이다. "?"는 국면을 의미하며, 여기서는 6개 국면(집단, 평가자, 과제, 피평가자, 준거, 평가영역)을 나타내고, "R"은 채점 등급을 사용했음을 나타내는 "rating scale"를 의미한다. 여기서는 5개의 등급을 사용했으므로 "R5"로 표시해도 된다. 주의할 점은 각 국면 사이에는 쉼표(,)로 표시해야 한다.

9: 1국면(집단)의 의미는 높은 점수를 얻은 집단일수록 높은 로짓값

으로 표시되고, 낮은 점수를 얻은 집단은 0 로짓값 이하로 표시된다. 이 예에서는 한국인 평가자들과 영어 원어민 평가자 집단의 영어 말하기 평가 차이를 비교하는 것이기 때문에 1국면을 표시했다.

10: 지정된 1국면(집단) 값의 평균을 0의 로짓을 주지않는다는 의미이다. 만약에 평가자의 엄격도와 신뢰도가 주 관심사라면 "Non-center = 2"라고 지정해주면 된다. 이 경우 평가자들은 로짓값 0을 기준으로 그 이상과 이하로 분포함으로서 엄격도를 파악할 수 있다.

11: 결과 보고서에 국면에 대한 정보를 표시해야 한다는 의미이다.

12: 첫 번째 국면인 집단에 대한 표시이다.

13: 1은 원어민 영어 평가자 집단이다.

14: 2는 한국인 영어 평가자 집단이다.

15: "*"는 5개의 국면 분리를 의미한다. 반드시 명령어 파일에 표시되어 있어야 한다.

16: 2국면 평가자들을 의미한다. 여기서는 8명의 평가자들의 기호가 삽입되어 있다.

17~24: 평가자 아디를 표시했다. E는 영어 원어민 평가자, K는 한국인 영어 평가자를 의미한다.

26: 3국면 과제를 의미한다.

27: 2번 과제 개방형-종결 과제이다.

28: 3번 과제 직접 반응형 과제이다.

29: 4번 과제 그림 설명 과제이다.

30: 5번 과제 의견제시 과제이다. 참고로 1번 과제는 읽기 과제인데, 말하기 평가에 적합하지 않다고 여겨서 분석에는 제외하였다.

32: 4국면 피평가자를 의미한다.

33~46: 14명의 피평가자 아이디를 표시했다. f는 여성, m은 남성을 의미한다.

48: 피평가자 성별을 의미한다.

49: 1은 남성이다.

50: 2는 여성이다.

52: 평가영역을 나타낸다.

53: 1번 영역 발음이다.

54: 2번 영역 유창성이다.

55: 3번 영역 문법이다.

56: 4번 영역 담화이다.

57: 5번 영역 어휘이다.

57번째 문장 이후로는 다음처럼 원자료 파일에 입력된 데이터가 나타난다.

data =

1,1,2,1,2,1-5,1,1,2,2,2

1,1,2,2,1,1-5,1,1,2,2,2

1,1,2,3,2,1-5,1,1,2,2,3

1,1,2,4,2,1-5,1,2,2,3,2

……………

이 키 파일은 다음처럼 '3whole_keyfile'로 자동으로 저장된다. 이 저장된 파일은 언제라도 꺼내어 사용할 수 있다.

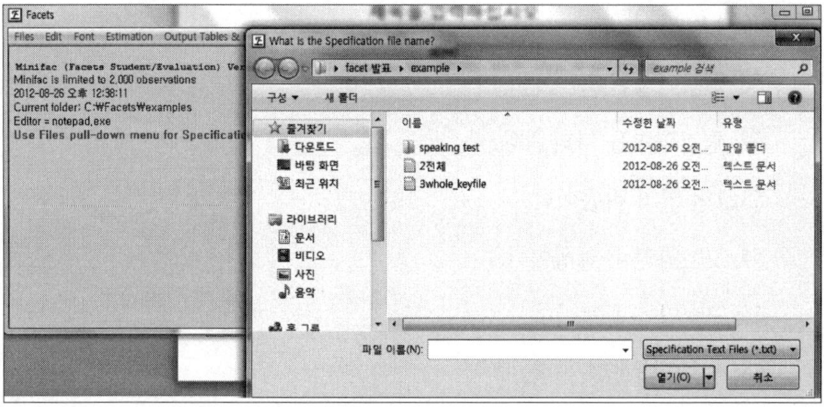

그림 41 저장 화면(예시)

프로그램 실행

FACETS 프로그램 실행전에 준비해야 할 파일은 데이터 자료 파일(엑셀 혹은 텍스트 파일), 키 파일이다. 이 파일이 준비되었다면 Facets 프로그램을 클릭한다. 그러면 시작 화면이 뜰 것이다.

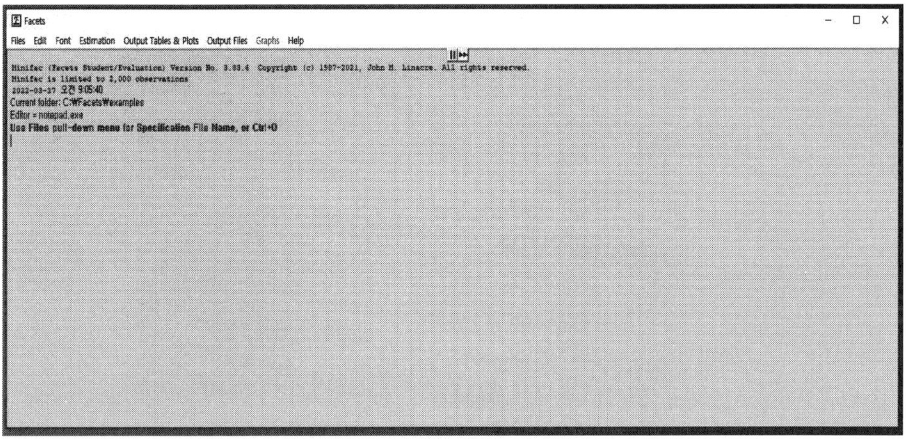

그림 42 Facets 프로그램 시작 화면

'Files' 중 'specification file name?'를 클릭한다.

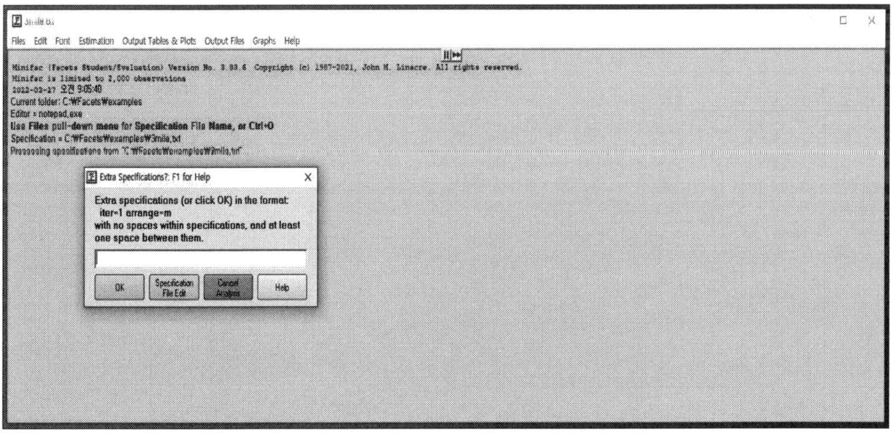

그림 43 'specification file' 입력

이 입력란에 들어갈 미리 준비된 키파일을 찾는다.

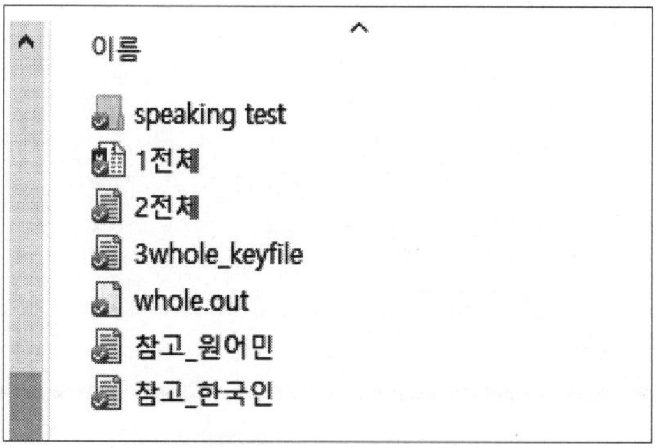

그림 44 key file 입력(예시)

미리 준비해둔 'keyfile'을 클릭한다. OK 클릭하면 다음 화면과 같은 결과 파일이 뜬다.

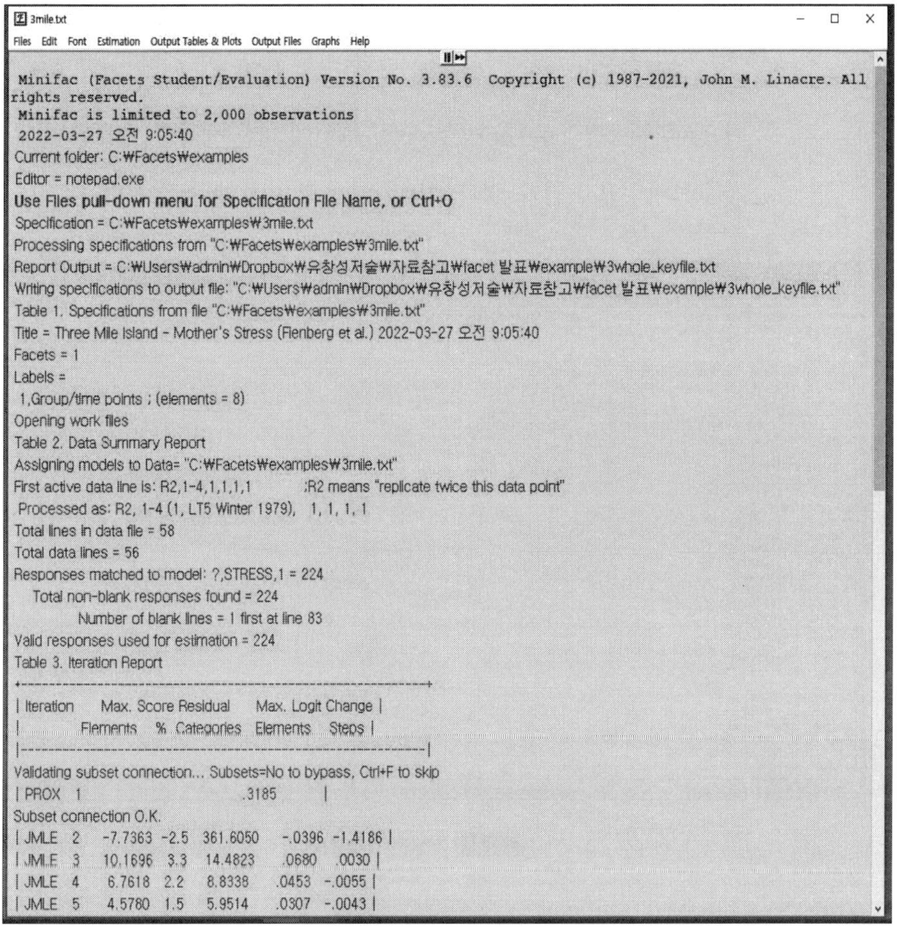

그림 45 결과 화면

이 결과 파일은 자동으로 txt 파일(.out)로 저장된다.

결과 파일 해석

이 장에서는 결과로 나타나는 'out.' 파일에 대한 해석을 어떻게 하는지를 보여주고자 한다. 결과 화면은 다음과 같이 예시로 보여준다.

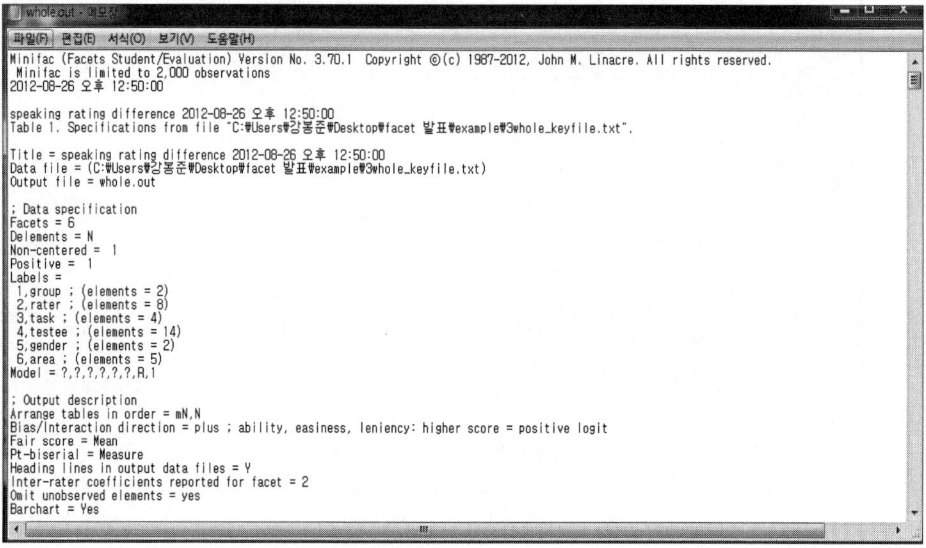
whole.out - 메모장

파일(F) 편집(E) 서식(O) 보기(V) 도움말(H)

```
Minifac (Facets Student/Evaluation) Version No. 3.70.1  Copyright ©(c) 1987-2012, John M. Linacre. All rights reserved.
 Minifac is limited to 2,000 observations
2012-08-26 오후 12:50:00

speaking rating difference 2012-08-26 오후 12:50:00
Table 1. Specifications from file "C:₩Users₩강봉준₩Desktop₩facet 발표₩example₩3whole_keyfile.txt".

Title = speaking rating difference 2012-08-26 오후 12:50:00
Data file = (C:₩Users₩강봉준₩Desktop₩facet 발표₩example₩3whole_keyfile.txt)
Output file = whole.out

; Data specification
Facets = 6
Delements = N
Non-centered =  1
Positive =  1
Labels =
 1,group ; (elements = 2)
 2,rater ; (elements = 8)
 3,task ; (elements = 4)
 4,testee ; (elements = 14)
 5,gender ; (elements = 2)
 6,area ; (elements = 5)
Model = ?,?,?,?,?,?,R,1

; Output description
Arrange tables in order = mN,N
Bias/Interaction direction = plus ; ability, easiness, leniency: higher score = positive logit
Fair score = Mean
Pt-biserial = Measure
Heading lines in output data files = Y
Inter-rater coefficients reported for facet = 2
Omit unobserved elements = yes
Barchart = Yes
```

그림 46 저장된 결과 화면

결과 화면의 스크류바를 밑으로 내리면 다양한 분석 자료를 보여준다. 전체 자료수, 채점 평균 점수 및 표준 편차, 전체 로짓 분포, 각 영역별 막대 분포, 집단별 평가 측정 보고서, 평가자별 측정 보고서, 과제별 측정 보고서, 피평가자별 측정 보고서, 성별 측정 보고서, 범주 구조, 확률 모형, 돌출 반응 등을 순서대로 보여준다. <그림 47>은 전체 평가영역 로짓 분포를 보여준다.

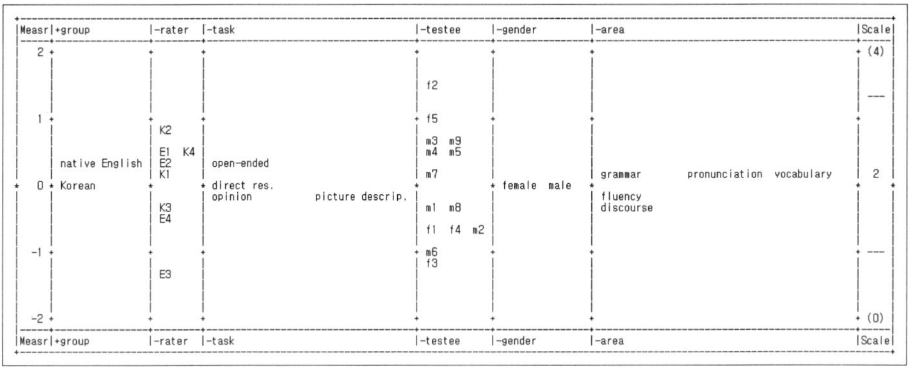

그림 47 전체 평가영역 로짓 분표

<그림 47>에서 'Measure'는 로짓값을 나타낸다. 0을 중심으로 +는 엄격한 평가를 -는 관대한 평가를 나타낸다. 예를 들어 'group' 항목의 집단영역에서 영어 원어민 평가자들이 한국인 영어 평가자들보다 좀 더 엄격한 평가를 하고 있음을 알 수 있다. 'task' 과제 항목을 보면, 'open-ended'(개방-종결형) 과제가 가장 평가점수가 낮으며(어려움 정도가 높으며), 의견제시(opinion)나 그림 묘사(picture description) 과제는 평가점수가 상대적으로 높음(어려움 정도가 낮음)을 알 수 있다. 'testee'영역은 피평가자 점수 영역이다. 여기서는 f2가 가장 낮은 점수를 받고 있음을 알 수 있고(어려움 정도가 가장 크다), f3가 가장 높은 점수를 받고 있다(어려움 정도가 가장 낮다). 'area' 영역에서는 문법(grammar), 발음(pronuniciation), 어휘(vocabulary)가 비교적 낮은 점수를 받고 있으며, 담화(discourse)영역이 가장 높은 점수를 받고 있음을 알 수 있다. 'scale' 영역은 0~4로 분포된 5점 Likert 점수 척도 영역이다. 대부분 평가영역이 2점대에 몰려있음을 알 수 있다.

다음 화면은 영어 원어민 평가자와 한국인 영어 평가자들의 집단별 차이를 막대 도표와 표 도표로 나타내고 있다.

```
Table 6.1  group Facet Summary.
Logit:
                                        1       1
+-------------------+--------------Q---S+--M---S---Q--------+-------------------+
-2                 -1                   0                   1                   2
Infit MnSq:
                                       1   1
+--------------------------------Q-S-M-S--Q---------------------------------+
0                                    1                                      2
Outfit MnSq:
                                       1   1
+--------------------------------Q-S-M-S-Q----------------------------------+
0                                    1                                      2
Infit ZStd:
                    1         1
+----+----+---Q+----S----M----S----+Q---+----+----+----+----+
-5   -4   -3   -2   -1   0    1    2    3    4    5    6    7
Outfit ZStd:
                  1         1
+----+----+--Q-+--S-+---M+---S+----Q---+----+----+----+----+
-5   -4   -3   -2   -1   0    1    2    3    4    5    6    7
```

그림 48 집단별 평가 경향 결과 막대 도표

<그림 48> 막대 도표는 두 평가 집단의 'logit', 'Infit/Outfit', 'z score'를 보여주고 있다. 이들에 대한 용어 정리이다.

<표 19> Facets 용어 정리

용어	의미
logit	로짓 측정값
Infit MnSq	내적합 제곱 평균값
Outfit MnSq	외적합 제곱 평균값
Infit ZStd	내적합 편향 분석 표준화값(기대값 평균=0)
Outfit ZStd	외적합 편향 분석 표준화값(기대값 평균=0)

<그림 48>에서 "M"은 각 국면(facet)의 평균값을 나타내고, "S"는 평균1의 표준편차, "Q"는 평균 2의 표준편차를 나타낸다. 여기서는

두 집단의 엄격도가 상당히 유사한 수준임을 보여주고 있다. <그림 49>는 구체적인 표 형식으로 보여주고 있다.

Table 7.1.1 group Measurement Report (arranged by mN).

Total Score	Total Count	Obsvd Average	Fair-M Avrage	Measure	Model S.E.	Infit MnSq	Infit ZStd	Outfit MnSq	Outfit ZStd	Estim. Discrm	Correlation PtMea	Correlation PtExp	N group	
3017	1400	2.15	2.05	.36	.04	.96	-1.0	.95	-1.3	1.03	.61	.59	1 native English	in subset : 1 2
1079	600	1.80	1.88	-.03	.06	1.06	1.0	1.05	.8	.94	.50	.55	2 Korean	in subset : 3 4
2048.0	1000.0	1.98	1.97	.16	.05	1.01	.0	1.00	-.3		.56		Mean (Count: 2)	
969.0	400.0	.18	.08	.20	.01	.05	1.1	.05	1.1		.05		S.D. (Population)	
1370.4	565.7	.25	.12	.28	.02	.07	1.5	.07	1.6		.08		S.D. (Sample)	

Model, Populn: RMSE .05 Adj (True) S.D. .19 Separation 3.55 Strata 5.06 Reliability .93
Model, Sample: RMSE .05 Adj (True) S.D. .27 Separation 5.12 Strata 7.15 Reliability .96
Model, Fixed (all same) chi-squared: 27.2 d.f.: 1 significance (probability): .00

그림 49 두 집단의 평가 경향을 나타내는 표

<그림 49>는 두 집단의 평가 경향을 잘 보여주고 있다. 원어민 영어 평가자들은 1400항목을 평가하여 총 3017점이 나왔고, 관측 평균값(observed average)은 2.15점(5점 만점), 조정 평균값(fair average)은 2.05점이다. 관측 평균값은 산술적으로 총점 3017점을 1400항목으로 나눈 값이고, 조정 평균값은 결측값이나 다른 국면(facet)의 값들을 고려하여 조정된 값으로 더 정확한 평균값이라고 할 수 있다.

내적합 평균값(Infit men score)은 평가의 부적합과 과적합을 판단하는 중요한 지표이다. 부적합은 일반적인 평가 경향과 완전히 동떨어진 평가를 하는 경향을 보일 때, 과적합은 일반적인 평가 경향과 과도하게 일치하는 경우를 찾아낼 수 있다. 일반적으로 0.75 이하는 과적합, 1.3 이상은 부적합으로 판단한다. 그러나, 일부 연구들에서는 0.5 이하를 과적합, 1.5 이상을 부적합으로 판단하기도 한다.

이 표에서는 영어 원어민 평가자는 관측 평균 2.15, 조정 평균 2.05, 내적합 평균값(Infit mean score)은 0.96으로 적절한 평가 경향을 보여주고 있다. 한국인 영어 평가자들은 관측 평균 1.80, 조정 평균 1.88, 내적합 평균값(Infit mean score)은 1.06으로 적절한 평가 경향을 보여주고 있다.

다음은 평가자들의 평가 경향을 막대 도표를 통하여 살펴보도록 한다.

```
Logit:
               1                    1   1          1   1    11     1
+---------------Q-------+-------S---------------M---------------S-------+-------Q---------------+
-2                     -1                       0                       1                       2

Infit MnSq:
                           1   1 111            1                       1 1
+---------Q-----------------S----------------M--+-------------S----------------Q----------------+
0                                               1                                               2

Outfit MnSq:
                           1    11 2            1                       1 1
+---------Q-----------------S----------------M--+-------------S----------------Q----------------+
0                                               1                                               2

Infit ZStd:
  1    1  2      1            1                             1      1
+-S---+-----+-----+-----+M----+-----+-----+-----+S----+-----+-----+-----Q
-5   -4    -3    -2    -1     0     1     2     3     4     5     6     7

Outfit ZStd:
    1  1  2     1             1                              1     1
+-S---+-----+-----+-----+M----+-----+-----+-----+S----+-----+-----+-----Q
-5   -4    -3    -2    -1     0     1     2     3     4     5     6     7
```

그림 50 평가 경향 막대 도표

이 막대도표는 각 평가자들의 logit, Infit/Outfit, z score를 보여주고 있다. 그러나 이 막대 도표는 어떤 평가자가 특정한 평가 경향을 보이지를 보여주지 못한다. 전반적인 상황만 보여줄 뿐이다. 구체적인 경향을 살펴보기 위해서는 표를 참고해야 한다. 이 막대 도표를 표로 나타낸 것이 <그림 51>이다. 이 표는 각각의 평가자들의 측정값, 적합도, 일치도, 분리도, 신뢰도가 나타나 있다.

Total Score	Total Count	Obsvd Average	Fair-M Avrage	Model Measure	Model S.E.	Infit MnSq	Infit ZStd	Outfit MnSq	Outfit ZStd	Estim. Discrm	Correlation PtMea	Correlation PtExp	Exact Agree Obs %	Exact Agree Exp %	N rater
442	280	1.58	1.65	.78	.10	.66	-4.5	.67	-4.3	1.33	.38	.47	40.3	39.5	6 K2
512	280	1.83	1.74	.55	.09	1.00	.0	.99	.0	1.01	.46	.48	33.6	37.9	1 E1
64	40	1.60	1.76	.50	.25	.56	-2.2	.55	-2.3	1.45	.59	.49	48.8	43.2	8 K4
542	280	1.94	1.84	.30	.09	.71	-3.7	.71	-3.7	1.27	.63	.48	48.2	39.1	2 E2
560	280	2.00	1.90	.15	.09	.74	-3.3	.74	-3.3	1.25	.54	.48	47.0	39.6	5 K1
573	280	2.05	2.11	-.35	.09	1.49	5.0	1.50	5.1	.46	.46	.48	39.4	39.1	7 K3
642	280	2.29	2.18	-.51	.09	.74	-3.3	.74	-3.3	1.27	.32	.50	40.6	38.9	4 E4
761	280	2.72	2.61	-1.41	.09	1.56	6.2	1.56	6.1	.19	.59	.51	23.5	31.4	3 E3
512.0	250.0	2.00	1.98	.00	.11	.93	-.7	.93	-.7		.50				Mean (Count: 8)
190.9	79.4	.35	.30	.67	.05	.36	3.9	.36	3.9		.10				S.D. (Population)
204.0	84.9	.37	.32	.72	.06	.39	4.2	.39	4.2		.11				S.D. (Sample)

Model, Populn: RMSE .12 Adj (True) S.D. .66 Separation 5.40 Strata 7.53 Reliability (not inter-rater) .97
Model, Sample: RMSE .12 Adj (True) S.D. .71 Separation 5.78 Strata 8.04 Reliability (not inter-rater) .97
Model, Fixed (all same) chi-square: 423.7 d.f.: 7 significance (probability): .00
Model, Random (normal) chi-square: 6.9 d.f.: 6 significance (probability): .33
Inter-Rater agreement opportunities : 3160 Exact agreements : 1227 = 38.8% Expected : 1189.7 = 37.6%

그림 51 평가 경향 요약

이 표는 두 집단의 각 평가자들의 평가 경향을 보여주고 있다. 평가자 항목에서 K는 한국인, E는 영어 원어민 평가자들을 나타내고, 평균 점수가 가장 낮은 평가자들부터 높은 평가자들 순서로 배열되어 있다. 관측 평균값(observed average)만 보면 K2가 1.58(5점 만점)으로 가장 평가가 엄격하다는 것을 알 수 있고, E3가 2.72로 가장 후한 점수를 주는 것을 알 수 있다.

적합도(Goodness of fit statistics)는 과연 적합하게 혹은 적절하게 평가가 이루어지기를 살펴보는 것이다. 훈련을 거친 전문 평가자인 경우 내적 평균 적합도(Infit mean square)는 1.0을 기준으로 0.75 이하는 과적합(Overfit)으로, 1.3 이상은 부적합(misfit)으로 판단한다. 그러나, 일반 비훈련 평가자들은 좀 더 그 기준을 완화하여 0.5 이하는 과적합, 1.5 이상은 부적합으로 적용한다. 본 예시 화면은 일반 영어 교/강사들을 대상으로 이루어진 평가이기 때문에 0.5~1.5 기준을 적용하면, 대부분은 적절한 평가를 하고 있다고 본다. 그러나, E3 평가자는 1.56으로 부적합 평가를 내리고 있다. 이 의미는 평가 경향이 평균적인 평가 경향을 벗어난 경우가 많다는 뜻이다. 즉, 평가가 주로 2점 기준으로 이루어지다가 어떤 항목에서는 갑작스레 만점인 5점, 혹은 정반대의 0점으로 평균 범위를 벗어나는 경우가 많다는 의미이다. 비록 적절한 범위내에 있지만, 0.56점을 나타내는 K4 평가자는 이와는 반대로 주로 평균적인 점수 2점대 위주로 계속 평가점수를 매기고 있다는 점이다. 흥미로운 사실은 외국인 평가자들은 부적합 경향을 보이는 경우가 많으며, 한국인 평가자들은 과적합 평가 경향을 보이는 경우가 많다는 점이다.

일치도(Inter-rater reliability)는 평가자들 사이에 이들의 채점이 얼마나 일치하는지를 보여주는데 'Exact Observation %'로 나타낸다. 기대된 정확한 일치도(Exact agreement exacted%)는 Rasch 모델에 데이터가 일치하는지에 대한 일치 정도를 나타낸다.

실제 일치도와 기대 일치도가 같았을 때 0 로짓값을 갖게 된다. 즉, 0 로짓을 기준으로 음의 값은 모형에 의하여 예측된 평가자 간 일치도에 비하여 실제 평가자간 평가 불일치가 더 크다는 것을 의미하며, 양의 값은 채점자들 사이의 편차가 충분히 없는 평가자간 일치도를 의미한다. 위의 예에서는 'Estim. Discrm'이 0.3~1.99로 분포가 나타나고 있기 때문에 채점자들간 과적합 양상을 보이고 있으며, 특히 K4 1.45, K2 1.33으로 한국인 평가자들 사이의 일치도가 심하다. 이는 2점을 기준으로 동일하게 평가하는 것으로 보인다.

하단에는 분리도와 신뢰도 정보가 나타나 있다. 신뢰도는 0~1의 범위를 가지고 있고, 1에 가까울수록 신뢰도가 높다. 여기에서의 신뢰도 개념은 다른 채점 환경에서도 동일한 결과를 일관성있게 얻을 수 있다는 의미이며, 또한 채점자의 엄격성 지수도 나타낸다. 신뢰도가 낮은 값일수록 각기 다른 평가자들과 비슷한 엄격성을 더 갖는다는 것을 의미한다. 예를 들어, 신뢰도 0.97은 엄격성 편차가 크다는 의미이다.

고정된 카이 검정(Fixed chi-square)은 어떤 국면(facet) 요소들의 측정이 통계적으로 같은지에 대한 가설을 검증하는 방법이다. 평가자 측면에서 이들이 모두 동일한 엄격성을 가지고 있는지 검증할 수 있는데, 'p = .00'임으로 가설이 기각되었으므로 평가자들은 모두 동일한 엄격성을 가지고 있다고 말할 수 없다. 임의 카이 검정(Random chi-square)은 측정이 정규 분포에서 임의 표본이 되었는지에 대한 가설 검증이다. 위의 화면에서 'p = 0.33'으로 가설이 채택되었기 때문에 평가자들이 정규 분포로부터 임의 표본이 적절하게 되었다고 할 수 있다.

평가 등급표

<그림 52>는 평가 등급 정보를 보여주고 있다. 첫 번째 칸인 'DATA Category Counts Cum.'은 평가 등급에 대한 정보를 제공해 준다. 이 시험에서는 0~4까지 5등급으로 분석하고 있다. 이 예시 화면에 따르면, 0점 2%, 1점 23%, 2점 49%, 3점 22%, 만점인 4점이 4%를 차지하고 있다.

두 번째 칸 'QUALITY CONTROL'은 이 등급이 얼마나 'RASCH' 모델에 적합한지를 판단할 수 있는 정보를 제공해 준다. 실제 채점에서 얻어진 평균 점수(Average measure)와 'Rasch' 모델에서 얻어진 기대 점수(Expected measure)들이 제시된다. 그리고 외적합 평균 제곱 수치(Outfit mean score)는 1.0을 기준으로 신뢰성을 측정한다. 여기에서는 0점 채점이 1.7로서 상대적으로 신뢰성이 없는 평가임을 보여주고 있다.

Model = ?,?,?,?,?,?,R

DATA Category Score	Counts Used	%	Cum. %	QUALITY CONTROL Avge Meas	Exp. Meas	OUTFIT MnSq	RASCH-ANDRICH Thresholds Measure	S.E.	EXPECTATION Measure at Category	-0.5	MOST PROBABLE from	RASCH-THURSTONE Thresholds	Cat PEAK Prob
0	30	2%	2%	-.01	-1.32	1.7			(-4.80)		low	low	100%
1	458	23%	24%	-.60*	-.58	1.0	-3.69	.19	-2.31	-3.82	-3.69	-3.74	66%
2	985	49%	74%	.16	.26	1.0	-.93	.06	.24	-.97	-.93	-.95	62%
3	440	22%	96%	1.19	1.11	.8	1.49	.06	2.35	1.35	1.49	1.41	53%
4	87	4%	100%	2.12	1.90	.8	3.13	.12	(4.34)	3.48	3.13	3.28	100%
									(Mean)		(Modal)	(Median)	

그림 52 채점 등급표

<그림 53>은 각 평가 구인별로 엄격도와 신뢰도 평가 측정표이다.

Table 7.6.2 area Measurement Report (arranged by N).

Total Score	Total Count	Obsvd Average	Fair(M) Average	- Measure	Model S.E.	Infit MnSq	Infit ZStd	Outfit MnSq	Outfit ZStd	Estim. Discrm	Correlation PtMea	Correlation PtExp	N area
794	400	1.99	1.91	.14	.08	1.03	.4	1.02	.2	.97	.59	.59	1 pronunciation
846	400	2.12	2.03	-.15	.08	.99	-.1	.97	-.3	1.00	.67	.60	2 fluency
777	400	1.94	1.86	.24	.08	1.05	.7	1.04	.5	.92	.57	.59	3 grammar
879	400	2.20	2.11	-.34	.08	.98	-.2	.97	-.3	1.02	.57	.60	4 discourse.
800	400	2.00	1.92	.11	.08	.90	-1.5	.90	-1.5	1.10	.58	.59	5 vocabulary
819.2	400.0	2.05	1.97	.00	.08	.99	-.1	.98	-.3		.60		Mean (Count: 5)
37.6	.0	.09	.09	.22	.00	.05	.8	.05	.7		.04		S.D. (Population)
42.1	.0	.11	.10	.24	.00	.06	.9	.06	.8		.04		S.D. (Sample)

Model, Populn: RMSE .08 Adj (True) S.D. .20 Separation 2.66 Strata 3.88 Reliability .88
Model, Sample: RMSE .08 Adj (True) S.D. .23 Separation 3.01 Strata 4.35 Reliability .90
Model, Fixed (all same) chi-squared: 40.6 d.f.: 4 significance (probability): .00
Model, Random (normal) chi-squared: 3.6 d.f.: 3 significance (probability): .30

그림 53 구인별 채점 등급표

<그림 53>은 구인별 등급 정보를 보여주고 있다. 첫 번째 칸에서는 각 구인별로 산술적인 채점 등급에 대한 정보를 제공해 준다. 이 채점에서는 발음 1.99점, 유창성 2.12점, 문법 1.94점, 담화 2.20점, 어휘 2.00점을 보여주고 있다. 세 번째 칸 외적합 평균 제곱 수치(Outfit mean score)를 살펴보면 모든 영역이 신뢰성 있는 평가를 하고 있지만, 어휘 영역에서는 0.90으로서 신뢰성에 약간 문제점을 보여주고 있다.

다음은 각 평가 과제별로 엄격도와 신뢰도 평가 측정을 해보았다.

Total Score	Total Count	Obsvd Average	Fair(M) Average	- Measure	Model S.E.	Infit MnSq	Infit ZStd	Outfit MnSq	Outfit ZStd	Estim. Discrm	Correlation PtMea	Correlation PtExp	N task
998	530	1.88	1.82	.35	.07	1.01	.2	1.02	.3	.97	.53	.59	2 open-ended
1016	490	2.07	1.98	-.04	.07	.99	-.2	.96	-.5	1.02	.61	.60	3 direct res.
1037	490	2.12	2.02	-.14	.07	.88	-1.9	.87	-2.0	1.11	.64	.60	4 picture descrip.
1045	490	2.13	2.04	-.17	.07	1.07	1.1	1.05	.8	.91	.60	.60	5 opinion
1024.0	500.0	2.05	1.97	.00	.07	.99	-.2	.98	-.4		.60		Mean (Count: 4)
18.4	17.3	.10	.09	.21	.00	.07	1.1	.07	1.1		.04		S.D. (Population)
21.2	20.0	.11	.10	.24	.00	.08	1.3	.08	1.3		.04		S.D. (Sample)

Model, Populn: RMSE .07 Adj (True) S.D. .20 Separation 2.89 Strata 4.19 Reliability .89
Model, Sample: RMSE .07 Adj (True) S.D. .23 Separation 3.39 Strata 4.85 Reliability .92
Model, Fixed (all same) chi-squared: 38.1 d.f.: 3 significance (probability): .00
Model, Random (normal) chi-squared: 2.8 d.f.: 2 significance (probability): .25

그림 54 과제별 채점 등급표

<그림 54>는 과제별 등급 정보를 보여주고 있다. 첫 번째 칸에서는 각 과제별로 산술적인 채점 등급에 대한 정보를 제공해 준다. 이 채점에서는 개방형 1.88점, 직접 반응 2.07점, 그림 묘사 2.12점, 의견 2.13점을 보여주고 있다. 세 번째 칸 외적합 평균 제곱 수치(Outfit mean score)를 살펴보면 모든 영역이 신뢰성 있는 평가를 하고 있지만, 그림 묘사 영역에서는 0.87로서 신뢰성에 약간 문제점을 보여주고 있다.

편향 분석

이러한 전반적인 평가 결과 이외에도 변인 간 편향 분석을 할 필요가 있다. 편향 분석은 각 국면들 사이에 어떤 상호작용을 가졌는지를 알려준다. 예를 들면, 평가자와 평가영역, 평가자와 피평가자, 평가자와 특정 과제와의 일정한 경향을 보이고 있는지를 파악할 수 있다. 편향 분석을 할 때, 편향 크기(bias size)와 표준화 값(z score)은 중요한데, 표준화 값이 2 보다 크면, 편향 크기가 유의한 것으로 해석한다.

편향 분석은 <그림 55>에서 두 개의 변수 간의 상호작용을 통하여 알아보고자 하는 국면을 선택하여 편향 분석한다.

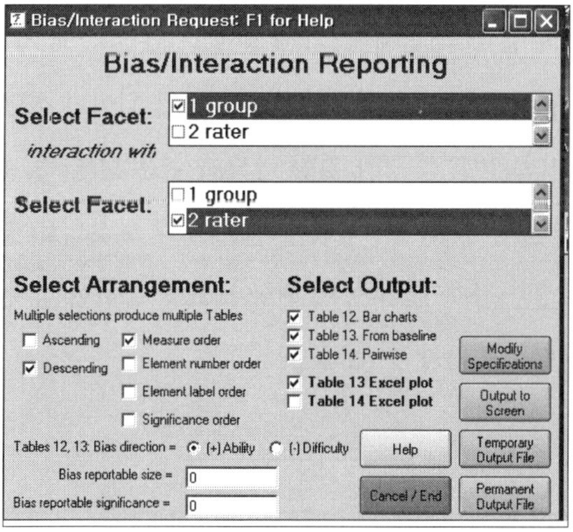

그림 55 편향 분석 실행 화면

<그림 56>은 한국인 영어 발화에 대하여 영어 원어민 평가자들과 한국인 영어 평가자들 간의 편향 분석 시행 화면이다. 결과 도표는 다음과 같이 나타났다.

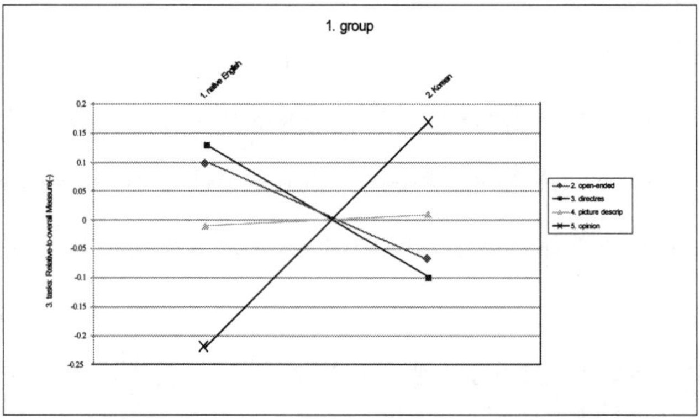

그림 56 두 집단 간 과제별 편향 분석(강석한, 2013)

편향 분석 결과 '의견제시' 과제에서 두 집단 간에 가장 큰 편향 차가 발견된다. 즉, 의견 제시과제에서 영어 원어민 집단에서는 약 -0.23 로짓으로 비교적 평가 경향 난도가 쉬운 반면(즉, 평가 점수가 높다), 한국인 영어 평가자 집단에서는 +0.17 로짓으로 평가 난도가 어렵다(즉, 평가 점수가 낮다). 이 편향 도표를 통하여 각 변수별로 평가 편향 정도를 파악할 수 있다.

실제 논문 적용례

Facets 프로그램을 이용한 실제적인 연구 논문을 간단히 소개하도록 하겠다. 이 논문은 "외국인 한국어 말하기 시험의 평가자 요소가 채점에 미치는 영향"이란 본 저자의 논문에서 일부 내용을 발췌하여 설명을 덧붙였다(강석한, 안현기, 2014). 본 연구에서는 전문가 및 비전문가 평가자에 의한 한국인 영어 말하기 평가에 대한 일반적인 평가 경향을 알아보기 위하여 평가자 분석을 한 것이다. 영어 평가자의 평가 자료를 FACETS 프로그램으로 분석하여 얻은 logit 값을 도식화하여 제시하면 <그림 57>과 같다. 이 결과표는 NOTEPAD 프로그램을 통하여 결과표를 나타낸 것이다.

```
+-----------------------------------------------------------------------------------------+
|Measr|+group|-area            |-task                                              |Scale|
|-----+------+--------+--------+---------------------------------------------------+-----|
|   1 +      +        +        +                                                   + (4) |
|     |      |                 |                                                   |     |
|     |      |                 |                                                   |     |
|     |      | grammar         | open-ended response                               |     |
|     | Pro  | pron   voca     |                                                   |  2  |
*   0 *      *                 * directed response                                 *     *
|     | NPro | whole           | opinion                 picture-cued story telling |     |
|     |      |                 |                                                   |     |
|     |      | discourse       |                                                   |     |
|     |      |                 |                                                   |     |
|  -1 +      +                 +                                                   + --- |
|     |      |                 |                                                   |     |
|     |      |                 |                                                   |     |
|     |      |                 |                                                   |     |
|  -2 +      +        +        +                                                   + (0) |
|-----+------+--------+--------+---------------------------------------------------+-----|
|Measr|+group| * = 1|-rater   |-task                                              |Scale|
+-----------------------------------------------------------------------------------------+
```

그림 57 집단 * 평가영역 * 평가 과업

<그림 57>은 이 연구에서 설정한 6국면중 평가집단, 평가영역, 평가 과업을 동일 척도에서 제시한 것이다. 따라서 각 국면의 logit 값

을 명시적으로 확인할 수 있다. 둘째 열(+group)은 평가자 집단 분포를 - 전문가 집단과 비전문가 집단 - 나타낸다. 셋째 열(-area)은 평가 영역, 넷째 열(-task)은 평가 과업별 영역별 난도를 나타낸다.

이 연구에 따르면, 말하기 평가에 참여한 평가자들의 엄격성은 주로 -1 logit과 1 logit 사이에 위치하고 있다. 수험자들의 점수는 0점에서 4점까지 분포되어 있지만, 주로 1.5점에서 2.5점 사이에 중점적으로 집중해 있다는 것을 보여준다. 즉, 대부분 수험자들은 -1과 1 logit 사이에 해당하는 2점 등급에 위치하는 것으로 나타났다. 전반적으로 하위 등급인 0점 등급과 1점 등급이 거의 없고, 역으로 상위 등급인 3점대와 4점대가 매우 드물다는 것을 보여주고 있다. 세 번째 항목인 평가영역의 난도 측정에서 문법 부분이 가장 엄격하게 채점되고 있음을 보여주고 있으며(0.33 logit), 반대로 담화 적정성 부분에서 가장 관대하게 평가하고 있음을 보여주고 있다(-0.36 logit). 네 번째 항목인 평가 과업에 대한 측정에서, 개방형 반응 영역에 대하여 가장 엄격한 평가가 이루어지고 있으며(0.37 logit), 반대로 의견제시 및 그림 묘사나 지시형 설명 문제는 상대적으로 관대한 평가가 주어지고 있다(-0.18 logit).

한국어 말하기 평가에서 비전문가 평가자와 전문가 평가자 집단 사이에 평가 형태에 대하여 유사점도 발견되지만, 일부 영역에서 상당히 의미 있는 차이점을 나타내고 있다. 다음 도표의 집단 항목은 전문가 채점자들이 비전문가 채점자들에 비하여 엄격한 채점 경향을 잘 보여주고 있다. 다음 표에서 제시한 것처럼 전문가 집단의 엄격성은 0.21 logit로, 비전문가 집단 채점자 -0.05 logit보다 상위에 있다.

<표 20> 평가 엄격성 수준과 적합도(강석한, 안현기, 2014)

평가 집단	평가자	로짓 (logit)	표준 오차	내적합 제곱평균	내적합 Z 검정	외적합 제곱평균	외적합 Z 검정
전문가 평가자	P1	0.75	0.10	1.31	1.5	1.13	1.5
	P2	0.50	0.09	0.63	-1.7	0.65	-1.7
	P3	-1.28	0.09	1.63	6.7	1.62	6.6
	P4	0.34	0.09	0.80	-2.5	0.81	-2.4
	P5	0.35	0.09	0.67	-1.7	0.70	-1.8
	P7	0.11	0.09	0.82	1.2	0.72	0.4
	P8	0.32	0.09	0.76	-1.5	0.81	-1.4
	P9	0.33	0.09	0.77	-1.9	0.70	-2.0
	P10	0.12	0.09	0.82	0.8	0.82	0.6
	P11	0.13	0.08	0.81	1.1	0.72	0.5
	P12	0.33	0.09	0.75	-1.4	0.81	-1.5
	평균	0.21	0.09	0.98	0.63	0.98	0.67
비전문가 평가자	N1	0.78	0.10	0.82	-1.8	0.85	-1.8
	N2	0.34	0.10	0.63	-2.9	0.82	-2.3
	N3	0.14	0.10	0.81	-2.0	0.82	-2.2
	N4	0.19	0.09	0.52	0.5	0.92	0.8
	N5	0.16	0.09	0.82	-0.9	0.82	-1.2
	N6	-0.48	0.10	1.55	2.9	0.84	1.1
	N7	-0.56	0.10	1.51	2.3	0.86	2.2
	N8	0.18	0.09	0.72	0.5	0.92	0.8
	N9	0.17	0.09	0.82	-0.8	0.82	-1.1

	N10	-0.32	0.10	0.84	-1.6	0.83	-1.7
	N11	-0.46	0.10	1.41	2.1	0.87	2.1
	N12	0.21	0.09	0.71	0.6	0.91	0.7
	평균	-0.05	0.10	0.97	-0.5	0.98	-0.3

<표 20>은 평가자들의 개별적인 logit 점수 및 표준 오차, 내적합 지수, 외적합 지수를 제시한 것이다. 평가자들의 엄격성은 -1.28logit부터 0.78 logic까지 포함한다. 이러한 분포에 대하여 Chi-square 값은 523.6 (P<0.001), 분리 신뢰도 R=.98로 나타나 통계적으로 평가자들의 평가 엄격성면에서 유의한 편차가 있음을 확인할 수 있다. 우리는 이 예를 통하여 전문가 및 비전문가 평가자들의 평가 경향을 Facets 프로그램을 통하여 파악할 수 있었다.

4.3. SPSS

Facets 프로그램은 주관적인 평가에 대한 각 변인(국면)들의 신뢰도와 타당도를 구하는 통계방식이다. 물론 이런 통계방식도 SPSS나 SAS 혹은 R 등을 통하여 구할 수 있다. 단지, 주관적인 평가 방식에는 Facets 프로그램이 다양한 측면에서 좀 더 세밀하게 관찰할 수 있다는 점에서 소개하였다.

유창성 평가를 할 때 이런 주관적인 평가에 대한 검증뿐만 아니라, 연속적인 특성을 지닌 매개변수 신호의 변화에 대한 객관적인 통계적 유의미성을 관찰할 필요가 있다. 물론 여기에는 여러 통계 프로그램을 사용할 수 있지만, 가장 보편적으로 쓰이는 SPSS를 이용하여, 유창성 연구에 많이 사용하는 T 검정(t-test)과 일원배치분산분석(one-way Anova), 이원배치분산분석(two-way Anova)을 소개하고자 한다. 수학적인 도출과정을 생략하고, 통계분석에 사용하기 위한 기본적인 개념과 분석 위주로 소개하도록 하겠다.

T 검정

T 검정의 독립변수는 명목 척도(nominal scale)이고, 종속변수(dependent variable)는 구간 척도(interval scale)이다. 독립된 두 개의 집

단 간 평균 차이를 검증하는 방법으로, 이 T 검정에는 단일표본 T 검정(one-sample T-Test), 독립표본 T 검정(independent sample T-Test), 대응표본 T 검정(Paired-Samples T-Test)이 있다. 단일표본 T 검정(one-sample T-Test)은 기존의 절대 평균값과 특정 단일 표본 집단의 평균을 비교 분석하는 것이다. 독립표본 T 검정(independent sample T-Test)은 독립된 두 집단의 평균을 비교 분석한다. 대응표본 T 검정(Paired-Samples T-Test)은 동일한 한 집단을 대상으로 실험 전과 후를 비교하는 것이다. 본 서에서는 가장 많이 쓰이는 독립표본 T 검정(independent sample T-Test)에 대하여 설명하겠다.

독립표본 T 검정(independent sample T-Test)은 두 개의 집단을 대상으로 목표하는 종속변수의 차이를 비교 분석하는 것이다. 이때 사용하는 독립변수는 명목척도(nominal scale)이고, 종속변수는 구간 척도(interval scale)다. 예를 들어, 영어권 원어민과 중국어권 원어민 한국어 학습자의 유창성 점수 차이를 구하고자 한다면 이 검정 방법을 사용한다. 이 경우 독립변수는 2개 집단(영어권 원어민 한국어 학습자, 중국어권 원어민 한국어 학습자)이고 종속변수는 유창성 점수이다.

검증 순서는 다음과 같다. '분석(anlaysis) → 평균 비교(Compare means) → 독립표본 T 검정(Independent-Samples T test)' 순으로 활성화하면 된다.

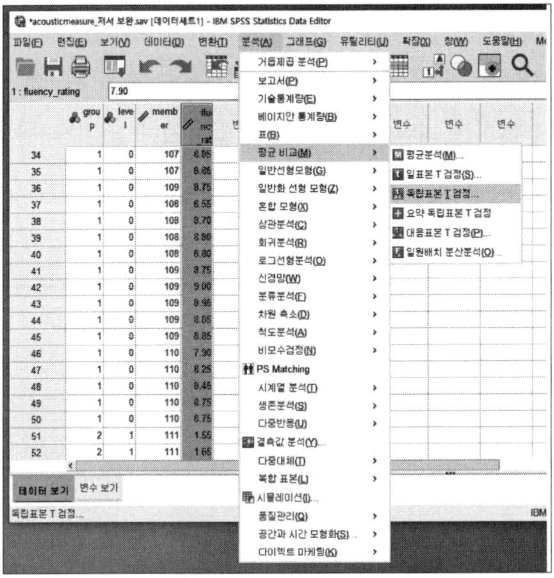

그림 58 독립표본 T 검정

독립표본 T 검정을 선택한 다음 변수를 선택한다.

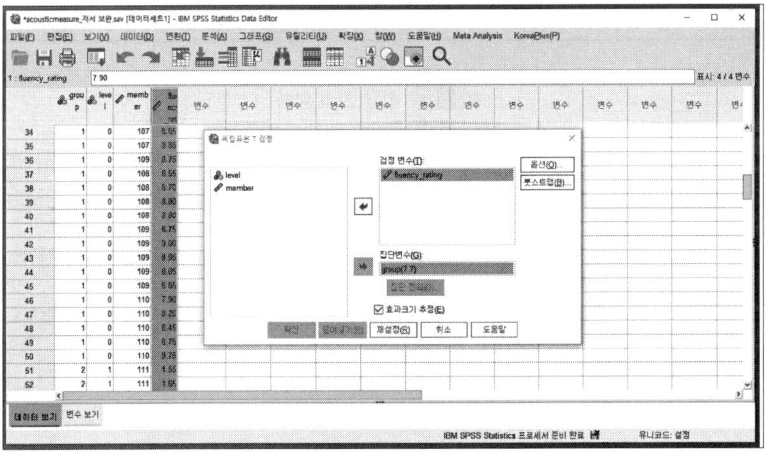

그림 59 변수 선택

집단 변수로는 영어권 원어민 한국어 학습자, 중국어권 원어민 한국어 학습자를, 검증 변수(종속변수)로는 유창성 점수를 선택한다. 이때 집단 정의를 내릴 때 대화 상자에서 집단 1(중국어권 원어민)은 0, 집단 2(영어권 원어민)는 1로 선택하여 입력한다.

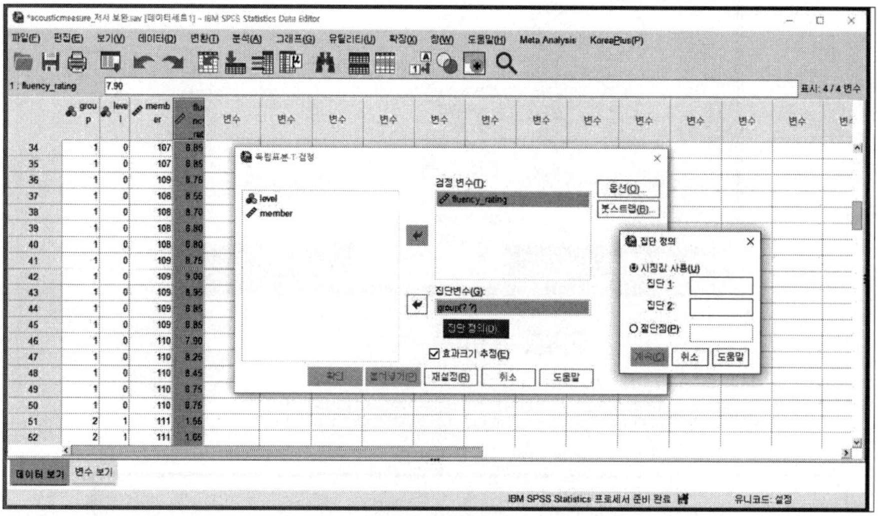

그림 60 집단 정의 입력

이를 결과 분석하면 다음과 같다. <표 21>를 통하여 중국어 원어민 한국어 학습자와 영어 원어민 한국어 학습자의 유창성 평가점수가 유의미하게 같은지 다른지를 알아보도록 하자. 집단 통계량 결과 다음과 같이 나타난다.

<표 21> 집단 통계량

집단	자료수	평균	표준편차	평균의 표준편차
Chinese	105	3.22	1.2936	0.1415
English	105	3.74	1.7673	0.1733

집단 통계량을 살펴보면 중국어 원어민 한국어 학습자는 한국어 유창성 점수 평균 3.22점(10점 만점), 표준 편차(Standard Deviation) 1.29, 평균 표준 오차(Standard Error Error)는 0.14이며, 영어 원어민 한국어 학습자는 유창성 점수 평균 3.74점(10점 만점), 표준 편차(Standard Deviation) 1.76, 평균 표준 오차(Standard Error)는 0.17로, 중국어 원어민 한국어 학습자보다 유창성 평가점수가 더 좋다. 이 점수차가 통계적으로 유의미한지를 살펴보기 위하여 T 검정을 실시한다. <표 22>는 독립표본 검정 결과표를 나타낸다.

<표 22> 독립표본 검정 결과표

<table>
<tr><th rowspan="3"></th><th colspan="2">Levene의 등분산 검정</th><th colspan="7">평균의 동일성에 대한 T 검정</th></tr>
<tr><th rowspan="2">F</th><th rowspan="2">유의 확률</th><th rowspan="2">t</th><th rowspan="2">자유도</th><th rowspan="2">유의확률 (양측)</th><th rowspan="2">평균차이</th><th rowspan="2">표준오차 차이</th><th colspan="2">95%신뢰구간</th></tr>
<tr><th>하한</th><th>상한</th></tr>
<tr><td>등분산을 가정함</td><td rowspan="2">.093</td><td rowspan="2">.432</td><td>.441</td><td>197</td><td>.660</td><td>11.309</td><td>0.2564</td><td>-0.3927</td><td>0.6189</td></tr>
<tr><td>등분산을 가정하지않음</td><td>.440</td><td>193</td><td>.660</td><td>11.309</td><td>0.2570</td><td>-0.3938</td><td>0.6200</td></tr>
</table>

Levene의 등분산 검정은 두 집단의 분산 동질성을 가정한다. F값이 0.093이고 유의확률이 0.432로 0.05보다 크므로 등분산이 가정되

었으므로 독립표본 T 검정을 시행하게 된다. 이 결과표에서 T 값이 0.441이고, 유의확률이 0.660으로서 0.05보다 크므로 두 집단 간에는 유창성 평가점수에서 차이가 없음을 알 수 있다(p > 0.05).

다음은 유창성 점수가 통계적으로 유의미한 경우를 살펴보도록 하자. 예시로서 한국어 원어민과 영어 원어민 한국어 학습자의 한국어 유창성 평가점수가 유의미하게 같은지 다른지를 알아보도록 하겠다. 집단 통계량 결과 다음과 같이 나타난다.

<표 23> 집단 통계량

집단	자료수	평균	표준편차	평균의 표준편차
Korean	105	8.70	0.2778	0.1562
English	105	3.74	1.7673	0.1733

집단 통계량을 살펴보면 한국어 원어민들은 유창성 점수 평균 8.70점(10점 만점), 표준 편차(Standard Deviation) 0.27, 평균 표준 오차(Standard Error)는 0.15이며, 영어 원어민 한국어 학습자는 유창성 점수 평균 3.74점(10점 만점), 표준 편차(Standard Deviation) 1.76, 평균 표준 오차(Standard Error)는 0.17로, 한국어 원어민 피평가자들은 영어 원어민 한국어 학습자보다 유창성 평가점수가 월등히 더 좋다. T 검정을 실시하면 다음과 같다.

<표 24> 독립표본 검정 결과표

	Levene의 등분산 검정		평균의 동일성에 대한 T 검정						
	F	유의확률	t	자유도	유의확률(양측)	평균차이	표준오차차이	95%신뢰구간	
								하한	상한
등분산을 가정함	90.969	.000	19.690	152	.000	4.9618	0.2520	4.4639	5.45965.3148
등분산을 가정하지 않음			27.843	114	.000	4.9618	0.1782	4.6088	

Levene의 등분산 검정은 두 집단 분산의 동질성을 가정한다. F값이 90.969이고 유의확률이 0.000로 0.05보다 작으므로 등분산이 이루어지지 않는다고 가정되었으므로 독립표본 T 검정이 .000임을 알 수 있다. 이 등분산을 가정하지 않는 경우 T 값이 27.843이고, 유의확률이 0.000으로서 0.05보다 작음으로써 두 집단 간에는 유창성 평가점수에서 차이가 있음을 알 수 있다($p < 0.05$).

일원배치 분산분석(one-way Anova)

분산분석(analysis of variance)은 집단 내의 총평균과 2개 이상 각 집단의 평균값 차이에 의하여 생긴 분산을 집단 비교를 통하여 가설 검증을 하는 방법이다. 일원배치분산분석은 집단을 나누는 독립변수가 하나 이상일 때 종속변수의 평균 차이를 분석하는 것이다. 여기에서 독립변수는 명목 척도이고, 종속변수는 구간 척도이다. 예를 들어, 영어권, 중국어권, 일본어권 한국어 학습자의 유창성 점수를 비교 분석할 때 이 방법을 사용한다. 이 경우 독립변수는 3개 집단(영어권, 중국어권, 일본어권 한국어 학습자)이고 종속변수는 유창성 점수이다.

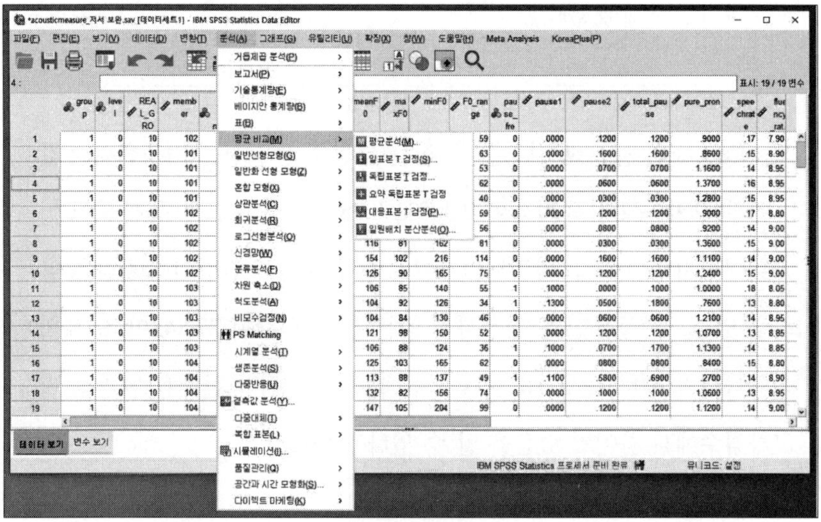

그림 61 검증 순서

검증 순서는 다음과 같다. '분석(anlaysis) → 평균 비교(Compare means) → 일원배치 분산분석(one-way Anova)'순으로 활성화하면 된다.

대화 상자에서 변수를 선택한다. 독립변수는 집단(3개)이고, 종속변수는 평가점수다.

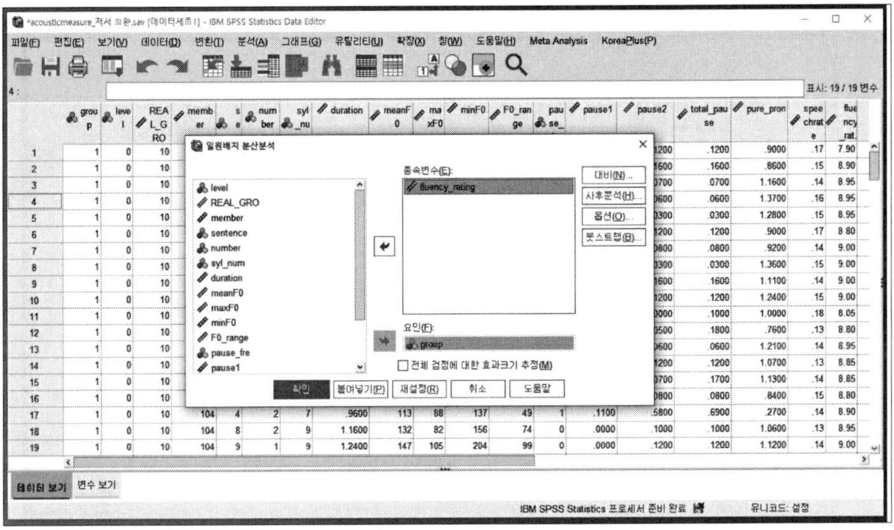

그림 62 변수 선택 화면

일원배치분산분석에서 독립 변수간의 평균 차이가 통계적으로 유의미한지를 알아보기 위하여 사후 분석(Post Hoc.)을 실시한다. 사후 분석에는 여러 가지 측정 방법이 있다. 예시에서는 Tukey HSD방식을 사용하였다.

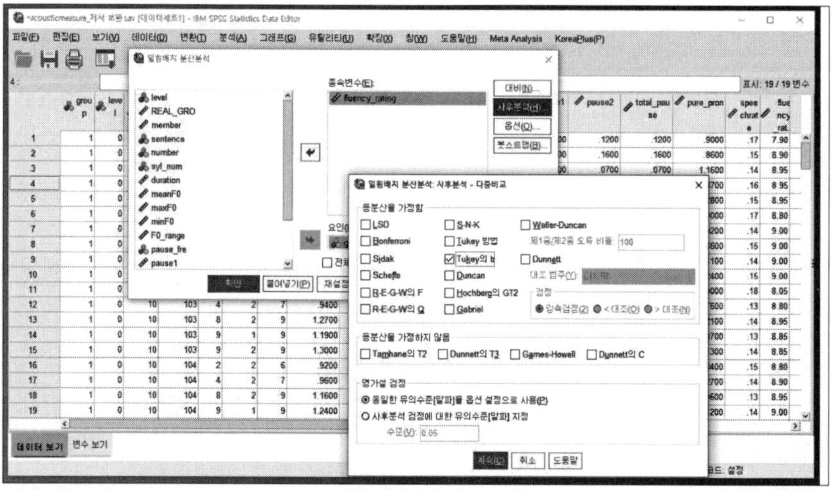

그림 63 사후 분석 선택

결과표를 도출하기 위하여 옵션(Option)을 선택한다. 이 옵션에는 주로 기술통계량, 분산 동질성 검증, 평균 도표 등을 선택하여 진행한다.

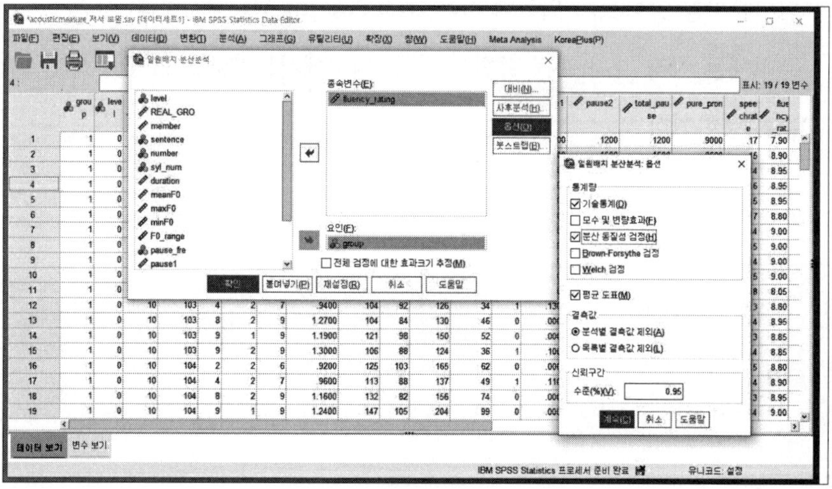

그림 64 옵션 선택

영어권, 중국어권, 일본어권 한국어 학습자의 유창성 점수를 비교 분석 결과는 다음과 같다. 기술 통계량은 독립변수인 각 집단, 사례수, 평균, 표준오차, 평균 95% 신뢰구간의 하한 및 상한, 최소값, 최대값을 보여준다.

<표 25> 기술 통계량

	사례수	평균	표준편차	표준오차	평균의 95% 신뢰구간		최소값	최대값
					하한	상한		
Korean	50	8.70	0.29	0.04	8.62	8.79	7.90	9.00
English	104	3.74	1.76	0.17	3.40	4.08	0.90	7.60
Japane	95	4.69	1.39	0.14	4.40	4.97	2.45	8.95
Chinese	95	3.63	1.85	0.18	3.25	4.00	0.75	8.90
전체	344	4.70	2.31	0.12	4.45	4.94	0.75	9.00

유창성 평균 점수를 살펴보면, 한국어 원어민이 8.70, 영어권 학습자가 3.74, 일본어권 학습자는 4.69, 중국어권 학습자는 3.63으로 나타났다. 95% 신뢰구간은 샘플 점수 분포가 95%이내에 밀집한 정도를 나타낸다. 이 점수차가 통계적으로 유의미한지를 살펴보기 위하여 통계 검정을 실시하였다.

<표 26> 분산의 동질성 검정

Levene 통계량	df1	df2	CTT 유의확률
26.230	3	340	.207

분산의 동질성 검정에서 df는 전체에서 1만큼 뺀 것이다. 집단 분산도(df1)는 4개 집단이므로 df = 3이다. 개인 분산도(df2)는 참여자가 341명임으로 df = 340이다. 유의확률이 .207으로 기각값 .05보다 크므로 등분산이 이루어지고 있다. 일원배치분산분석 결과는 다음과 같다.

<표 27> 일원배치분산분석 결과표

	제곱합	자유도	평균제곱	F	CTT유의확률
집단-간	1005.956	3	335.319	137.207	.000
집단-내	830.924	340	2.444		
전체	1836.880	343			

검정 통계량 CTT 유의확률이 0.000으로 기각값 0.05보다 작으므로 각 집단별로 유창성 점수에는 차이가 있음을 알 수 있다. 각각의 집단의 차이가 유의하게 나는지를 알아보기 위하여 사후검정을 실시하였다.

<표 28> 사후검정

<table>
<tr><th rowspan="2">(I) group</th><th>(J) group</th><th>평균차이(I-J)</th><th>표준화 오류</th><th>유의확률</th><th colspan="2">95% 신뢰구간</th></tr>
<tr><th colspan="5">하한</th><th>상한</th></tr>
<tr><td rowspan="3">Korean</td><td>English</td><td>4.96181*</td><td>.26903</td><td>.000</td><td>4.2672</td><td>5.6564</td></tr>
<tr><td>Japanese</td><td>4.01647*</td><td>.27314</td><td>.000</td><td>3.3113</td><td>4.7217</td></tr>
<tr><td>Chinese</td><td>5.07489*</td><td>.27314</td><td>.000</td><td>4.3697</td><td>5.7801</td></tr>
<tr><td rowspan="3">English</td><td>Korean</td><td>-4.96181*</td><td>.26903</td><td>.000</td><td>-5.6564</td><td>-4.2672</td></tr>
<tr><td>Japanese</td><td>-.94533*</td><td>.22187</td><td>.000</td><td>-1.5181</td><td>-.3725</td></tr>
<tr><td>Chinese</td><td>.11309</td><td>.22187</td><td>.957</td><td>-.4597</td><td>.6859</td></tr>
</table>

Japanese	Korean	-4.01647*	.27314	.000	-4.7217	-3.3113
	English	.94533*	.22187	.000	.3725	1.5181
	Chinese	1.05842*	.22683	.000	.4728	1.6440
Chinese	Korean	-5.07489*	.27314	.000	-5.7801	-4.3697
	English	-.11309	.22187	.957	-.6859	.4597
	Japanese	-1.05842*	.22683	.000	-1.6440	-.4728

Tukey HSD 방법을 이용한 사후검정 결과는 한국인 원어민 유창성 점수는 영어 원어민들과 4.96점, 일본인 원어민과 4.01점, 중국인 원어민들과 5.07점 차이가 나고, 이는 유의확률이 0.000으로서 통계적으로 모두 유의미하다($p < 0.05$). 단지, 영어 원어민들과 중국어 원어민들과의 차이는 유의미하지 않다($p > 0.05$). 따라서 이들 4개 집단은 '한국어 원어민 > 일본어권 학습자 > 중국어권, 영어권 학습자'로 유창성 점수대역으로 구분할 수 있다.

이원배치분산분석(two-way Anova)

이원배치 분산분석은 집단을 나누는 독립변수가 두 개일 때 종속변수의 평균 차이를 분석하는 것이다. 그리고 2개의 독립변수가 종속변수에 각각 영향을 미치는 주효과(main effect)와 상호작용효과(interaction effect)로 나누어진다. 예를 들어, 독립변수가 한국어 원어민(통제 집단), 일본어권, 영어권, 중국어권 한국어 학습자의 네 집단과 수준별(초급, 중급, 상급)의 두 개 변수일 때, 집단과 수준에 의한 유창성 점수 차이를 분석한다. 이때 주효과는 배경 언어와 학습 연차이고, 이 두 개의 주 효과가 동시에 영향을 나타내는 것이 상호작용 효과이다. 검정 순서는 다음과 같다. '분석(anlaysis) → 일반 선형 모형(General Linear Model) → 일변량(Unvierate)' 순으로 활성화 시켜 준다.

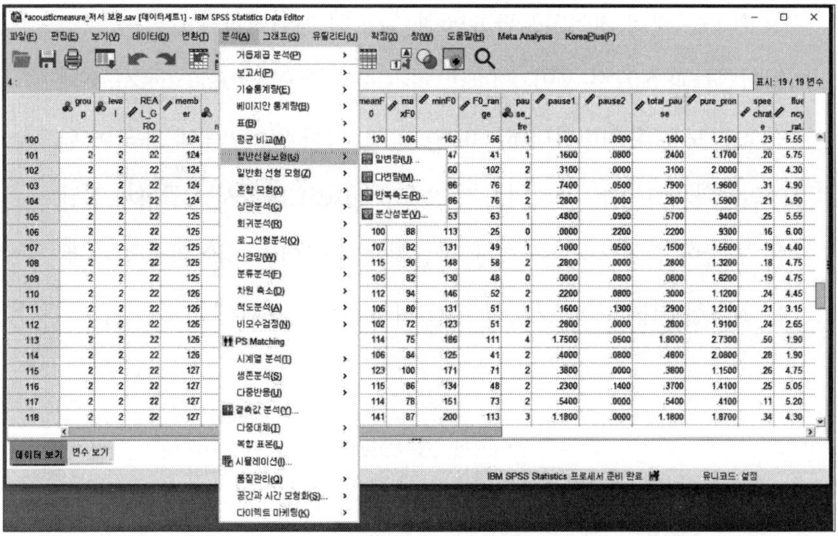

그림 65 검정 순서

일변량 선형 모형에서 일변량(U)을 선택한다. 다음으로 변수를 선택한다.

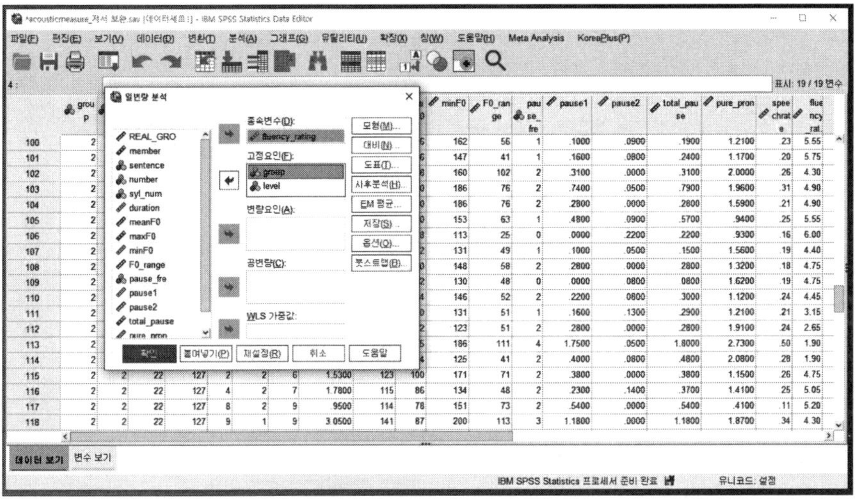

그림 66 변수 입력 대화 상자

분석하고자 하는 변수를 대화 상자로 이동시킨다. 종속변수는 집단 간 차이를 알고 싶은 최종 변수로서 여기서는 '유창성 점수'가 된다. 고정 요인은 보수요인으로서 여기서는 '집단'과 '수준'이 된다. 이어서 평균차이를 도표로 볼 수 있도록 선택한다.

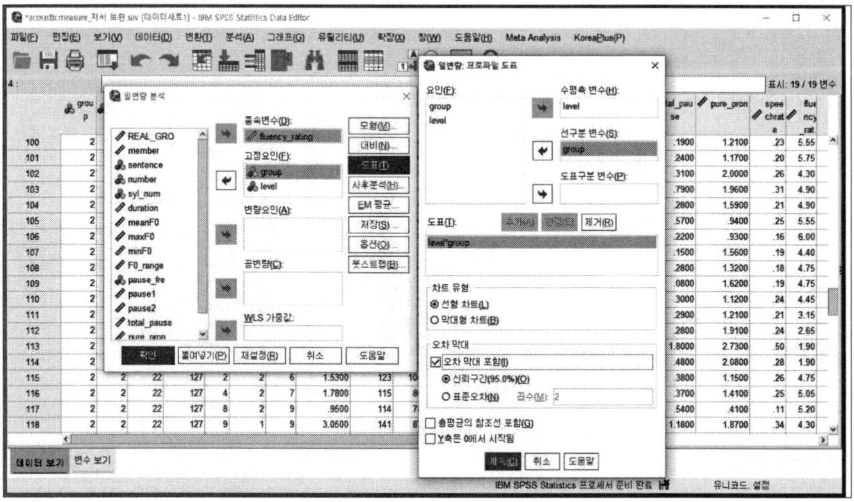

그림 67 도표 선택

대화 상자에서 도표를 선택한다. 수평측 변수에 '수준(level)'을, 선구분 변수에 '집단(group)'을 선택한다. 챠트 유형은 '막대 유형'을 선택하고, 오차 막대도 선택한다. 이 도표는 2개의 고정 변수 사이의 상호작용 효과를 시각적으로 파악할 수 있다. 이어서 기술통계량을 파악하기 위하여 옵션을 선택한다.

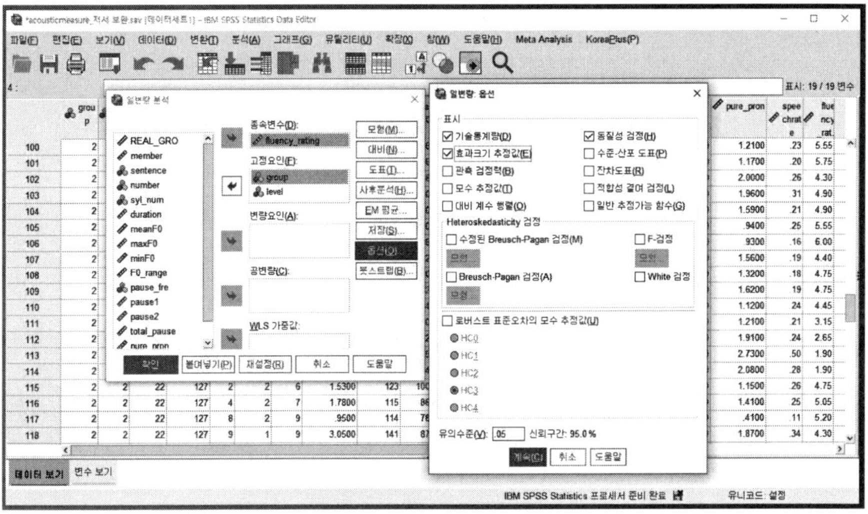

그림 68 옵션 선택

옵션 상자에서 파악하고자 하는 기능을 선택한다. 주 효과(집단, 수준)를 알아보기 위하여 기술 통계, 효과 크기 추정 검정, 동질성 검정을 선택한다. 분석 결과는 다음과 같다.

<표 29> 집단간 수준간 사례수

		값 레이블	N
group	1	Korean	50
	2	English	104
	3	Japanese	95
	4	Chinese	95
level	0	control group	50
	1	Beginning	100
	2	Mid	89
	3	Advanced	105

개체간 요인을 통하여 집단과 수준간 사례수를 파악할 수 있다. L1 모국어 집단을 살펴보면 각 집단의 사례수가 파악된다(한국인 50명, 영어 원어민 104명, 일본인 95명, 중국인 95명). 수준별 집단에서도 통제 집단이 50명, 초급반 104명, 중급반 95명, 고급반의 사례수가 반영되고 있다. 집단별 수준별 평균 점수, 표준 편차는 다음과 같다.

<표 30> 집단별 수준별 평균값 및 표준 편차

group	level	평균	표준편차	N
Korean	control group	8.7070	.29364	50
	전체	8.7070	.29364	50
English	Beginning	2.1086	1.02717	35
	Mid	4.2162	1.51896	34
	Advanced	4.9243	1.32562	35
	전체	3.7452	1.76731	104

Japanese	Beginning	3.9100	.93028	30
	Mid	4.4767	1.08029	30
	Advanced	5.5429	1.52654	35
	전체	4.6905	1.39622	95
Chinese	Beginning	2.1671	1.29507	35
	Mid	3.5640	.97612	25
	Advanced	5.1457	1.59445	35
	전체	3.6321	1.85009	95
전체	control group	8.7070	.29364	50
	Beginning	2.6695	1.36332	100
	Mid	4.1208	1.28235	89
	Advanced	5.2043	1.49451	105
	전체	4.6962	2.31416	344

기술 통계량을 통하여 각 집단별 수준별 평균, 표준 편차, 사례수를 파악할 수 있다. <표 30>에 의하면 한국어 원어민 유창성 점수는 8.70(10점 만점)이고 영어 원어민인 경우 초급 단계 2.10, 중급 단계는 4.21, 고급 단계는 4.92점임을 알 수 있다. 이를 통하여 일본어 원어민, 중국어 원어민 한국어 학습자들의 유창성 점수도 파악할 수 있다. 이러한 점수 차이가 통계적으로 유의미한지를 알아보기 위하여 통계 검정을 실시하였다. 다음은 개체-간 효과 검정이다.

<표 31> 개체간 효과 검정

원인	제 Ⅲ 유형 제곱합	자유도	평균제곱	F	유의확률	부분 에타 제곱
수정된 모형	1356.397a	9	150.711	104.764	.000	.738
절편	8193.846	1	8193.846	5695.814	.000	.945
group	58.593	2	29.297	20.365	.000	.109
level	313.535	2	156.767	108.974	.000	.395
group * level	28.647	4	7.162	4.978	.001	.056
추정값	480.483	334	1.439			
전체	9423.625	344				
수정된 합계	1836.880	343				

a. R 제곱 = .738 (수정된 R 제곱 = .731)

개체-간 효과 검정을 통하여 두 개의 독립변수(L1 집단, 수준)에 따른 종속변수(유창성 점수)의 차이를 F 검정 분석을 통하여 주효과와 상호작용 효과를 파악할 수 있다. L1 집단에 대한 유의 확률이 .000이고, 수준에 의한 유의 확률도 .000임으로 모국어 집단별, 수준별로 유창성 점수는 차이가 있음을 알 수 있다. 상호 작용도 역시 .001로서 모국어와 수준별로 상호작용 효과가 유의미하게 존재함을 알 수 있다($p<0.05$). 또한 부분 에타 제곱 값은 효과 크기의 추정값을 의미하는데, L1은 0.109, 수준은 0.395, 상호작용은 0.056으로서, 수준 변수가 가장 큰 효과 크기를 나타내고 있음을 파악할 수 있다. 이를 도표로 나타내면 다음과 같다.

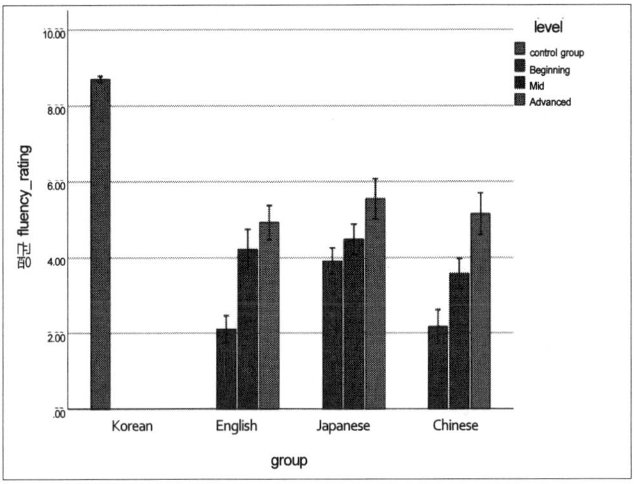

그림 69 집단별 수준별 유창성 평균 점수 및 표준 편차(Kang, 2018)

막대 도표를 통하여 각 L1 집단의 수준별 차이를 시각적으로 파악할 수 있다. 위 도표를 통하여 초기 일본어 원어민 한국어 학습자들의 유창성 점수가 제일 높지만, 고급 단계로 진입할수록 각 모국어 집단별 차이가 사라짐을 파악할 수 있다.

정리

1. 유창성 발음 및 평가에는 세 가지 프로그램이 필요하다: Praat, Facets, SPSS. 그러나, 연구 목적에 따라 Praat, Facets는 사용하지 않을 수 있다.

2. Praat은 음성 분석(발화 유창성), Facets는 평가자간 평가 경향(인지 유창성), SPSS는 통계적인 분석을 구한다.

3. 30분 이상이 소요되는 비교적 장시간 음성 자료의 발화 분석에는 Praat Scripts을 이용한다.

4. Facets 프로그램은 각 평가자들의 엄격함이나 관대함 정도, 특정 문항이나 평가영역에 관한 편향적 평가 경향을 확률적으로 추적하여 평가자 훈련과 시험 타당화 연구에 도움을 준다.

5. Facets 대신에 SPSS, SAS, R 등도 사용할 수 있다.

6. SPSS에서 독립표본 T 검정은 독립된 두 개의 집단 간 평균 차이를 검증하는 방법이며, 일원배치 분산분석(one-way ANOVA)은 집단을 나누는 독립변수가 하나 이상일 때 종속변수의 평균 차이를 분석하는 것이다. 이원배치 분산분석(two-way ANOVA)은 집단을 나누는 독립변수가 두 개일 때 종속변수의 평균 차이를 분석하는 것이다

5. 유창성 발달

발화 유창성은 시간이 지남에 따라 발달을 하게 된다. 이는 종단 연구의 중요성을 의미한다. 많은 학자들은 이러한 발달이 범언어적인지 혹은 개별 언어적인지에 관하여 관심을 기울여왔다. 이 장에서는 범언어적인 특징과 개별 언어적인 특징을 기술하려고 한다. 그리고 마지막으로 한국어 유창성 습득이 특징적인 요소를 다루었다.

5.1. 유창성 발달 경로

유창성은 시간이 지남에 따라 발달하기 때문에, 당연히 종적인 발달 경향을 지닌다(Ortega & Iberri-Shea, 2005). 종적 유형의 연구는 '시점(timing)'과 '시간(time)'이 중요한 변수가 된다. 시점의 문제는 '몇 살에 (what age)', 시간의 문제는 '얼마나 오랫동안(how long)' 외국어 유창성 습득을 시도해야 하는가에 대한 해답을 시도하는 것이다. 외국어 습득 분야에서 가장 유명한 시점 관련 연구는 '최적 시기 가설' (critical period hypothesis)' (Hyltenstam & Abrahamsson, 2003; Scovel,

1988)이다. 이 가설에 의하면 외국어 학습에 최적의 시기가 보통 유치원생 혹은 초등학교 저학년 정도라고 추정한다. 이 이론은 현재 미국 공립학교에서의 이중언어교육, 캐나다의 프랑스어 몰입 교육, 심지어는 우리나라에서의 영어 조기 교육에도 영향을 미쳤다.

성인대상으로 이루어지는 외국어 습득에 대한 연구는 주로 시간 관점에서의 '얼마나 오랫동안 (how long)'에 해당하는 연구들인데 (Beck, 1998; Cook, 2002; Goldschneider & DeKeyser, 2001), 일반적으로 외국어 습득 환경(제2 언어인지, 외국어인지), 문화권(문자 중심 사회인지, 구어 중심 사회인지), 혹은 개인적인 성향(동기, 목표, 견해) 등에 따라 이 기간이 달라진다고 본다. 이런 유형의 변수들은 상당히 준언어학적/비언어학적 요소들이기 때문에 질적 연구 방법론이 도입되는 계기가 되었다.

제2 언어 습득에서의 초기 종단 연구는 한/두 명을 대상으로 언어학적 요소들을 분석하였다(Huebner, 1983; Sato, 1990; Schumann, 1978; Schmidt, 1983). 최근의 연구는 여전히 작은 피험자 집단이지만 점점 더 많은 참여자들을 대상으로 언어학적 요소 이외에 준언어학적 요소(paralinguistics variables)들을 조사하고 있다. 예를 들어, Perdue · Benazzo · Giuliano(2002)는 유럽에서 30개월 동안 다섯명의 성인 이탈리아인 및 스페인 이주자들이 프랑스어 부정어, 첨가어, 제한어, 시제 습득을 조사했다. 이 조사는 관찰 및 면담 기법을 이용한 질적 연구로 이루어진 것으로 이 습득에는 피험자들의 동기가 중요한 변수라는 점을 보고하고 있다. Bardovi · Harlig(1994)은 외국인 대학생들을 대상으로 7개월에서 17개월 동안 16명의 ESL 학습자들의 미래 시제 습득을 연구하였다. 관찰과 면담을 통한 이 연구에서는 미래 시제 습득은 수업이 아니라 모국어의 전제된 개념에 있음을 보고하고 있다. 이외에도 준언어학적인 요소를 이용한 L2 형태론 및 음운론 연구는 Abrahamsson (2003) 및 Hansen (2004)에서도 발견될 수 있다.

아쉽게도, 우리나라에서는 종적 모형(longitudinal models)으로 영어 원어민들이 한국어를 습득함에 따라, 혹은 한국인이 영어를 습득함에 따라 유창성 요소가 어떻게 변화하는지에 대한 비교 연구가 극히 적었다. 비록 극소수에 불과하지만, 일부 종적 연구들은 외국어 학습자의 음운론적인 구조가 몰입 기간이 지남에 따라 목표어에 근접하게 변화할 것으로 예측하는 정도이다(Kang & Ahn, 2014; 김옥기, 강석한, 2020).

발달 단계별 연구에서는 초기 유창성 습득에서 모국어와 목표어가 지닌 유창성에 영향을 미치는 음성/음운론적인 구조가 일정 정도 영향을 미치지만(Guion, 2005), 후기로 진행할수록 언어학적인 요소보다는 비언어학적인 요소가 더 큰 영향을 지닌다고 보았다(Kang, 2012, 2013). 이들 연구에서는 최소한 초기 단계에서는 영어 원어민의 한국어 유창성 습득에는 영어가 지닌 유창성 구조와 한국인 영어 학습자의 영어 유창성 습득에는 한국어가 지닌 언어학적 구조가 개입되어 있다는 것이다.

이런 일부 연구들에도 불구하고, 우리나라에서 성인 대상으로 이루어진 제2 언어로서의 한국어 습득을 종단적으로 연구한 경우는 매우 희소하다. 단지 유아 대상으로 이루어진 몇 편의 종단 연구들이 존재하지만(김영익, 김종현, 2008; 홍경훈, 심현섭, 2002; 강남욱, 2012), 이 연구들은 연구 기간이 1년 정도로 매우 짧으며, 주로 형태소 습득 위주로 진행하였다. 성인 대상으로 이루어진 소수의 연구 중에서, 김태경, 박초롱(2015)은 중국어 원어민 한국어 학습자들을 대상으로 3개월 간격으로 3회에 걸쳐서 한국어 유창성 정도를 조사하였다. 발음 정확도, 발화 속도, 음절 조음 속도, 말더듬 빈도 등이 변화 폭을 조사하였지만, 이러한 분석 요소들이 유창성과 어떤 상관관계가 있는지에 대한 분석이 미비하였고, 불과 1년 미만의 연구 조사를 종단 연구라고 하기에는 무리가 있다.

최근의 L2 습득 종단 연구들은 형태론, 음운론, 음성학적 측면에서 벗어나 점차 다양한 영역으로 확장되고 있다. 이중 비고스키(Vygotski)식의 사회문화적인 측면에서 접근한 인류 언어학적 관점이 대두되고 있다. 이는 제2 언어 습득을 하는 성인 집단들 자체가 목표어 사회의 '비주류'로서, 생존하기 위한 제2 언어습득 행태를 사회문화적인 측면에서 고찰해야 한다고 주장한다. Belz · Kinginger(2002년)에 의해 수행된 '정중함(politeness)' 표현 습득 연구는 대표적인 연구이다. 연구원들은 미국 대학에서 4학기에 걸친 2명의 외국인 학생들의 간접적인 예의범절의 습득을 기록했다. 이 연구는 정중함의 표현은 전달 형식과 개인적인 친밀함 때문에 결정된다고 보고하고 있다. Kobayashi(2003)는 일본 학부생을 대상으로 1년간 캐나다 연수 학생들의 구두 발표(oral presentation)를 연구하였다. 이 발표가 조별 과제로 이루어지는데, L1-L2 간의 코드 스위칭, 상(modality) 의존, 문어식 발화 등을 민속지학적 관점에서 보고하고 있다. 이들 영어권 선행연구에서 추론할 수 있는 사실은 한국어의 언어학적 요소 습득에도 분명히 준언어학적/비언어학적인 요소도 관여되어 있다는 것이다. 그리고 이러한 준언어학적 혹은 비언어학적 요소들을 더 잘 이해하기 위해서는 양적 연구보다는 질적 연구가 더 큰 효과가 있을 것으로 본다.

5.2. 개별 언어 특성

음성학적 측면에서 외국어 유창성 습득 연구들은, 목표어에 접근함에 따라 학습자의 발화에서 나타나는 음성학적/음향학적 유창성 요소들이 변한다고 주장한다. 예를 들어, 한국인 영어 학습자들은 영어가 능숙해짐에 따라, 억양 피치(pitch) 범위가 늘어나고, 발화 속도가 빨라지며, 경계 구간에서의 피치 곡선(pitch contour)과 구간 길이가 원어민의 발화와 유사하고, 휴지기간이 짧아지고 빈도수가 줄어든다고 보고하고 있다.

동일한 발화 속도에 속하는 신호들일지라도 환경과 발달 단계에 따라서 각 신호들의 발달이 동일하지 않다는 연구가 있다. Towell과 동료들(1996)은 12명의 프랑스어를 배우는 영어 원어민 대학생들을 대상으로, 불어권 국가에서 연수 시작 전과 1년 후 연수 끝났을 때 유창성 평가를 비교 분석하였다. 실험 분석에 이용된 신호는 발화 속도(분당 음절수), 발음/시간 비율(휴지를 포함하는 전체시간에 대한 순수발화 시간 비율), 조음 속도(휴지 구간을 제외한 초당 음절 발화 시간), 평균 발화 길이(0.28초 이상의 휴지 사이의 평균 음절수)를 조사하였다. 그 결과 1년간의 연수 후에 4개의 신호 중 3개의 신호에서 뚜렷한 증가세를 보였다. 즉, 빠른 조음 속도와 휴지 사이의 발화 시간의 증가가 관측되었다. 그러나, 순수발화 속도를 나타내는 발음/시간 비율에서는 차이가 없었고, 평균 휴지 구간에서도 뚜렷한 변화를 발견할 수 없었다. 이 연구의 특기할 점은 유창성 평가가 가장 높은 피험자와 가장 낮은 피험자를 대상으로 발화 특징에 대한 질적 연구 방법을 시행한 점이다. 유창성 요소가 주로 수치화된 신호로 이루어졌기 때문에 양적 연구 방법론이 우세한 이 분야에서 질적 연구 방법론을 도입한 것은 획기적인 접근 방법으로 보인다. 이 연구에서는, 유창성 평가점수가 낮은 피험자는 '교실에서 배운 번역체 투의 문장 결합'을 사용하는 경향을 보이고, 휴지 빈도를 낮출 수 있는 문법적이고 고정된 표현(어순, 연어, 숙어 등)을 덜 쓰는 경향을 보였다. 반면에 유창성이 우수한 피험자는 문법적이고 고정된 표현에 익숙할 뿐만 아니라, 휴지가 없는 긴 발화 시간, 빠른 발화 속도와 낮은 지체 구간이 관찰되었다. 이 연구에서 우리가 주목할 점은 유창한 발화의 기저에는 이를 가능케 하는 규범적인 문법 습득과 고정된 표현 지식이 기본적으로 깔려 있어야 한다는 점이다.

그러나 범언어적인 공통점에도 불구하고, 개별 언어적인 차이점도 존재한다. 즉, 영어와 한국어의 유창성 판단을 이루는 음향 신호가 달라지기 때문에 발달 단계도 차이가 있을 수 있다. 일부 연구에서는 영어 유창성 측정에서는 '스펙트럼' 신호가 중요한 요소로 작용하지만, 한국어 유창성 평가에서는 거의 중요성이 사라지고 대신에 '분절 구간' 신호가 더 중요하다고 지적하고 있다. 이는 기본적으로 한국어와 영어의 음운론적 체계가 다르므로 당연히 생길 수 있는 요소라고 생각할 수 있지만, 기본적으로 이러한 차이가 유창성 발달에 다른 영향을 미친다고 볼 수 있다.

초기 유창성 습득에서 모국어와 목표어가 지닌 음운론적인 구조가 일정 정도의 영향을 미친다고 볼 수 있다. 예를 들어, 영어 원어민의 한국어 유창성 습득에는 영어가 지닌 음운론적인 구조와 한국인 영어 학습자의 영어 유창성 습득에는 한국어가 지닌 구조가 개입되어 있다고 본다. 한국어 원어민 영어 학습자는 본질적으로 모국어인 한국어의 음운 구조를 목표어인 영어에 투영할 수밖에 없다. 이런 이유로 모국어와 목표어 사이의 음운론적인 차이점은 유창성 습득에 매우 중요하다.

Kang(2018)의 영어, 일본어, 중국어 원어민의 상, 중, 하 수준의 한국어 학습자들을 대상으로 이루어진 종적 연구에서 학습 초기에는 모국어의 영향이 있다고 보았다. 연구 결과를 살펴보면, 초급 단계에서는 일본어권 화자들이 가장 유창성 점수가 높으며, 고급 단계에서는 중국인 화자들이 한국어의 유창성 점수가 가장 높은 것으로 보고하고 있다. 이들 연구에서 암시하는 바는 초기 습득은 언어별로 유사한 언어학적인 요소(분절 및 초분절구조)가 중요한 역할을 하지만, 후기로 넘어갈수록 준언어학적/비언어학적인 요소인 동기, 목표, 노출 시간, 환경, 문화적 유사성 등의 요소가 중요하다는 것이다.

초기 유창성 습득에서 모국어와 목표어가 지닌 음운론적인 구조가 일정 정도의 영향을 미치는 것은 확실해 보인다. 즉, 영어 원어민의 한국어 유창성 습득에는 영어가 지닌 음운론적인 구조가 개입되어 있고, 마찬가지로 한국인 영어 학습자의 영어 유창성 습득에는 한국어가 지닌 구조가 개입되어 있다. 영어와 한국어의 유창성 구조는 공통적인 측면과 이질적인 측면이 존재하는데, 따라서 공통점과 차이점을 발견할 수 있다.

영어는 강세-박자 언어이기 때문에 강세를 구성하는 음성/음운 요소인 발음 및 휴지 구간, 리듬, 액센트, 억양 등이 중요한 유창성 구성 요소이다. 영어는 운율 구조에 있어서 하위의 중간구 (Intermediate phrase)와 상위의 억양구(Intonational phrase)로 구성된다. 억양구는 필수적으로 억양 마지막 음절에 경계톤인 T%로 구현되며, 장음화 현상도 발생한다. 일반적으로 다섯 종류의 피치 액센트는 후어휘 층위에서의 담화상 혹은 의미론상 강조의 의미를 전달한다. 이는 비교적 단순한 피치 액센트 구조를 갖는 한국어와 다른 점이다.

반면에, 한국어는 음절 박자 언어(syllable-timed language)이며, 액센트 구성은 예측 가능한 것이 특징이다. 운율 구조에 있어서, 하위의 강세구(Accentual phrase)와 상위의 억양구(Intonational phrase)로 나눌 수 있다. 구조면에서는 영어와 한국어가 유사한데, 이는 한국어에서 강세구와 억양구 사이에 영어와 비슷한 중간구(intermediate phrase)의 존재를 주장하기 때문이다(Jun, 2004). 한국어에서 억양구는 마지막 음절에 구말 장음화와 경계 음조가 형성된다. 강세구에서는 주로 LHLH나 HHLH로 형성되며, 구말 장음화나 휴지구간이 따르지 않는다. 억양구는 LH (low-high) 혹은 HH (high-high)로 시작되는데, 경음이나 기식음으로 시작하면 H로 받기 때문에 강세가 변별적인 요소가 될 수 없다. 종합적으로 한국어는 음절-박자 언어이기 때문에 음절을 구성하는 음절 구간 등이 다른 강세 리듬 요소보다 더 중요하다. 음성학적으로, 이러한 차이점은 구간 길이에 주로 반영된다.

5.3. 한국어 유창성 습득

한국어를 대상으로 한 연구에서는 구간 신호에 속하는 발화 속도 및 휴지 구간이 타 언어와 마찬가지로 한국어 유창성 판단에 매우 중요한 요소임을 알 수 있다. 그러나, 상대적으로 스펙트럼 신호에 속하는 기본 주파수(f_0) 범위는 한국어 유창성 판단에 덜 중요하게 여겨지는데 이는 음절 구간 언어인 한국어의 특징 때문이다. 즉, 유창성 평가는 범언어적인 요소와 한국어만이 갖는 개별적인 언어 특징이 혼재되어 있음을 알 수 있다.

한국어 유창성 판단에는 모국어 변수와 학습 연한 변수가 개별적 혹은 복합적으로 작용한다. 모국어 변수가 개입된 신호는 주로 스펙트럼 신호에 속하는 f_0 범위이고, 체류/학습 연차 요소가 개입된 신호는 휴지 구간 및 빈도이며, 공통 요소가 개입된 것으로 보이는 신호는 발화 속도와 양이다. 모국어 요소가 개입된 스펙트럼 신호는 음절 단위 언어인 한국어 유창성 판단에 중요하지 않기 때문에, 한국어 유창성 습득에는 학습자의 배경 모국어는 상대적으로 덜 중요한 것으로 보인다. 반면에, 학습 연한과 관계가 있는 발화 속도 및 휴지 구조는 유창성 판단에 중요하기 때문에, 한국어 유창성은 모국어보다는 학습 연차 요소가 깊숙이 개입하는 것으로 나타났다. 즉, 모국어와는 상관없이 학습 연차가 진행될수록 발화 속도는 더 빨라지고, 휴지 구간은 줄어들며, 휴지 빈도수는 적어진다.

본 저자의 중국어 원어민 및 영어 원어민 한국어 학습자를 대상으로 이루어진 유창성 발달 연구에 의하면(Kang, 2020), 발화 속도에서 중국어 원어민인 경우 1년 차는 음절당 0.77초에서 2년차 0.55초로 약 0.22초가 빨라지고 있으며, 영어 원어민인 경우 1년차 0.71초에서 2년차에 0.41초로 약 0.30초가 빨라지고 있다. 1초 이상의 묵음 구간을 나타내는 휴지 구간인 경우도 중국어 원어민 1년차는 7.76초에서 2년차는 6.63초로, 영어 원어민인 경우 1년차는 7.66초에서 2년차는 4.52초로 줄어들고 있다. 휴지 빈도수도 유사한 경향을 보인다.

유창성 발달을 가장 명확하게 보여주는 그림/사진 설명 과제 분석 결과, 발화 양(음절수)은 모국어와 학습 연한 두 개의 요소에 관계하는 것으로 나타났다. 즉, 중국어 원어민인 경우 1년차에 21.2음절, 2년차에 36.6 음절로 15.4음절이 늘어나고 있으며, 영어 원어민인 경우 1년차에 35.5음절, 2년차에 43.5음절로 8음절이 늘어나고 있다. 외형적으로는 영어 원어민이 한국어 유창성 습득을 잘하는 것처럼 보이지만, 발전 속도를 보면 중국어 원어민이 더 빠르다. 이는 한국어 유창성 습득에는 비언어학적인 요소인 교육 수준, 1일 한국어 사용 시간, 유학 동기 등이 개입되어 있기 때문으로 보인다.

범언어적으로 제2외국어 습득에서 스펙트럼 신호는 언어 요소(모국어 혹은 목표어 언어) 혹은 유창성 발달 정도에 관계가 있다고 알려져 있다(Mennen, 2006, 2007; Kang, 2013). 스펙트럼 신호 중의 하나인 기본 주파수(f_0) 범위에서, 한국어인 경우 1년차의 초기 습득자들에게는 모국어의 영향이 나타난다. 즉, 모국어 측면에서 살펴보면, f_0

범위는 리듬 박자 언어(rhythmic timed)인 영어가 톤(tone) 언어인 중국어보다 더 큰 것으로 알려져 있다(Wennerstrom, 1998). 1년차 한국어 발화에서 영어 원어민의 f_0 범위가 119Hz, 중국어 원어민인 경우 103.8Hz인데, 2년차인 경우 영어 원어민은 오히려 f_0 범위가 117Hz로 감소하고 있다. 이는 영어나 중국어보다 f_0 범위가 더 좁은 음절 박자 언어인 한국어에 적응하는 과정에서 생기는 현상으로 보인다. 이러한 차이점에도 불구하고, 음절 박자 언어인 한국어 유창성 판단에는 거의 영향을 미치지 못하기 때문에, f_0 범위는 유창성 평가에 유의미한 매개변수가 아니라는 결론에 도달한다.

요약하면, 한국어 유창성 평가점수와 상대적으로 우월한 정적 상관을 나타내는 발화 속도 및 휴지 구조는 학습 연한과 관련 있다. 즉, 모국어 배경과는 관계없이 학습 연한이 길어질수록 발화 속도 및 휴지 구간/빈도에서 급속한 발전이 일어나며 이는 유창성 평가에 긍정적인 영향을 미친다. 따라서 한국어 말하기 교육은 적절한 발화 속도 및 발화 양, 짧은 유지 구간, 작은 휴지 빈도수를 보여줄 수 있는 발화 교육이 필요함을 알 수 있다.

정리

1. 종적인 발달 경향을 보이는 유창성 습득은 '시점'과 '시간'이 주요한 변수이다.

2. 외국어 습득의 최적 시기는 유치원~초등학교 저학년으로 알려져 있다.

3. 성인 대상의 외국어 유창성 습득은 환경, 문화권 및 개인적인 성향이 상당히 좌우한다.

4. 외국어 습득 종단 연구들은 음성/음운론적 영역에서 벗어나 사회언어학적, 인류 언어학적 관점에서 접근하는 경향이 강해지고 있다.

5. 유창성 발달에 기여하는 신호들은 발달 단계에 따라서 다른 발달 정도를 보인다.

6. 초기 유창성 습득에는 모국어와 목표어의 언어 구조가 중요하게 작용하지만, 후기로 진입할수록 준언어학적/비언어학적 요소들이 더 강하게 작용한다.

7. 목표어 유창성 습득 발달 단계가 일정 수준을 넘어서면 발화자 모국어의 언어 구조를 발견하기 어렵다. 특히 한국어가 그러하다.

6. 발달 변수

제2외국어 성인 학습자에게 있어서 모국어 발화자만큼 유창한 표현 능력은 단 시일내에 구현하기가 어렵기도 하고, 불가능하기도 하다. 즉, 해당 목표어에 대한 지식이 아무리 쌓여도 유창한 표현 능력이 쉽사리 생기지 않는다. 이는 학습자들의 축적된 외국어 지식(knowledge)과 유창한 표현 능력 사이에 '유창성 갭(fluency gap)'이 생기고, 성인일수록 이런 경향은 강하다.

이 차이는 집단 간(between groups)사이에서 뿐만 아니라 한 집단 내의 개인 간(between individuals)에도 존재한다. 즉, 집단별/개인별로 외국어 학습을 동일하게 시작하였다 하더라도 그 결과는 동일하지 않다. 이는 기저 구조인 지식과 표층 구조인 유창성 사이에 집단적인 특징뿐만 아니라, 개인이 갖는 동기, 성향, 문화, 배경, 성별 등이 작용함을 엿볼 수 있다.

그러면, 왜 외국어 유창성 발달에서 개인차가 존재할까? 지금까지 연구 결과들은 발화자 발화 특징(Lennon, 1990; Wennerstrom, 1994, 2002), 계획 효과(Foster & Skehan, 1996; Yuan & Ellis, 2003), 신경심리학 측면(Dewaele, Beardsmore, Housen, Wei, 2003), 과업 형태(Bygate, 1996; Ejzenberg, 1992; Skehan, 2003), 경험(Segalowitz, 2010; Towell & Dewaele, 2005) 등의 매개변수에 의하여 L2 목표어에 대한 유창성 습득

이 달라진다고 보고하고 있다. 요약하면 유창성 발달에는 집단이 갖는 성향과 개인이 갖는 특징들이 혼합적으로 개입되어 있음을 알 수 있다. 이 장에서는 유창성 발달에 영향을 미치는 변수들을 학습자와 평가자로 나누어 살펴보았다.

6.1. 학습자

집단 특징

언어학적 구조 이외에도 특정 집단이 보여주는 성향이 유창성 발달에 영향을 미친다. 다음 예시는 두 집단(영어 원어민 한국어 학습자와 중국어 원어민 한국어 학습자)의 한국어 유창성 요소에 영향을 미치는 비언어학적 요소들을 파악하기 위하여 설문지 조사를 한 것이다(김옥기, 강석한, 2020). 이 설문지 조사에서는 한국어를 배우는 영어권 원어민과 중국어권 원어민 100명을 대상으로 공통점과 차이점을 살펴보았다. 분석 결과 한국어를 배우는 목적, 한국어를 배우는데 가장 어려움을 느끼는 것, 한국인에 대한 친숙도 등은 두 집단 간에 차이가 없었다($p > .05$). 그러나, 본국에서의 교육 수준($t = 5.662$, $p < .05$), 유학 이유($t = 6.633$, $p < .05$), 1일 한국어 사용시간($t = 12.728$, $p < .001$), 총 학습 기간★($t = 21.337$, $p < .001$) 등은 집단 간에 차이가 있는 것으

★ 이 기간은 독학, 개인 교습, 기관 등 국내외를 포함한 총 한국어 학습기간을 나타낸다.

로 나타났다. 다음은 유의미한 결과가 나타난 설문 조사 항목 결과 분석이다.

<표 32> 설문 조사 결과 (김옥기, 강석한, 2020)

문항	세부내역	영어권(%)	중국어권(%)
본국에서의 교육수준*	고졸	3	22
	대학 재학	29	45
	대학 졸업	47	19
	대학원	21	14
유학 이유*	학업 계속	27	52
	업무(사업/공무)	33	12
	개인적 이유(결혼 등)	22	12
	기타	18	24
1일 한국어 사용시간**	30분 미만	63	13
	30~60분	22	62
	60~120분	8	15
	120분 이상	7	10
총 한국어 학습 기간**	0.5년 미만	58	11
	0.5~1.0년	21	34
	1.0년~1.5년	15	47
	1.5년 이상	6	8

* p < .05, ** p < .001

자국에서의 교육 수준을 살펴보면, 중국어권 피험자들은 고등학교 졸업 및 대학 재학이 가장 많으며, 영어권 피험자들은 대학 졸업이 상대적으로 많았다. 유학 이유에서도 중국어권 피험자들은 학업을 목적으로 유학한 학생들이 많은 반면, 영어권 피험자들은 학업 목적뿐만 아니라, 공무상(외교 및 군사) 혹은 사업상의 목적으로 유학하는 경우가 많았다. 1일 한국어 사용 시간에 대하여, 중국어권 피험자들은 평균 30분에서 60분이 다수를 차지하며, 영어권 피험자들은 30분 미만이 다수를 점하고 있다. 자국에서의 한국어 학습까지 포함하는 한국어 총 학습 기간을 살펴보면, 중국어 원어민은 6개월 미만이 많았고, 영어 원어민은 1년에서 1년 6개월이 가장 많았다. 참고로 이 설문 조사는 한국에 온 지 약 3개월 정도 되는 1차 실험 시기에 이루어졌다. 이 단편적인 설문 조사 결과를 통해서도 비언어학적인 동기 및 한국어 사용시간 등이 목표어인 한국어 습득에 상당히 영향을 미친다는 것을 알 수 있다.

배경 언어

배경 언어 변수에 대하여는 학습자와 평가자 모두에게 유창성 습득 및 평가에 영향을 미친다. 학습자 측면에서 배경 언어가 다른 외국어 학습자들은 언어적, 비언어학적 요소가 개입됨으로써 습득 정도는 다르게 진행되리라고 예측할 수 있다. Derwing · Munro · Thomson(2007)의 슬라브 언어 사용자와 중국어 사용자의 영어 습득 발달에 대한 2년간에 걸친 종단 연구를 양적 질적인 혼합 연구로 진행하였다. 그 결과 슬라브어 배경을 지닌 영어 학습자들은 유창성과 이해도 측면에서 괄목할만한 상승을 이끌었지만, 중국어 배경을 지닌 영어 학습자들은 거의 변화가 없었다. 이 연구에서는 이 차이를 동기에서 찾고 있다. Kang(2013)의 한국어 초급 및 고급 영어권, 중국어권, 일본어권 한국어 학습자에 대하여 일정 시점에서 종적 연구를 하였다. 그 결과는 초급 단계에서는 일본어권 화자들이 가장 유창성 점수가 높으며, 고급 단계에서는 중국인 화자들이 한국어의 유창성 점수가 가장 높은 것으로 보고하고 있다. 이들 연구에서 암시하는 바는 초기 습득은 언어별로 유사한 언어학적인 요소(분절 및 초분절 구조)가 중요한 역할을 하지만, 후기로 넘어갈수록 준언어학적/비언어학적 요소인 동기, 목표, 노출 시간, 가정환경, 문화적 유사성 등이 중요하다는 것이다.

체류 경험

발달 변수 중에서 체류 경험은 유창성 향상에 매우 큰 역할을 한다(Munro & Derwing, 1995, 2006). Towell과 동료들(1996)은 외국어 현지 유학 전과 유학 후를 나누어서 유창성 요소가 얼마나 변하고 있는지를 살펴보았다. 이 연구에서는 발화 속도에는 유의미한 차이를 보였다. 그러나, 조음 시간 비율과 휴지 구간에는 커다란 차이를 보이지 않았다고 보고하고 있다. 이 연구에서는 유창성 신호가 체류 경험에 의하여 모든 유창성 신호가 동일하게 변하지 않음을 알 수 있다. Segalowitz · Freed(2004)는 영어 원어민 스페인어 학습자들을 대상으로 모국어환경과 목표어 환경에서의 외국어 유창성 습득을 비교하였다. 연구 결과 해외 체류 경험은 구간 및 지체 신호 습득에서 상대적으로 우수한 습득 정도를 보여주었으며, 발화, 인지, 맥락 변수에서 모국어 환경보다 해외 체류 경험이 우수하다고 보고하고 있다. 이 분야의 연구들은 외국어 습득에서 외국어를 사용하는 현지 생활 경험이 유창성 습득에 긍정적인 역할을 한다고 알려져 있으며, 이는 유창성에 관련된 중요 음성학적 신호 습득에서 유리하기 때문으로 보인다.

목표어의 유창성 발달에 있어서 음성학적 유창성 요소 습득은 중요한 역할을 담당한다. 이런 요소는 목표어에 대한 체류 경험이 증가함에 따라 긍정적으로 영향을 미친다. 일반적으로 유창성 요소는 피치 범위, 발화 속도, 휴지 구간 및 빈도, 지체 구간 및 빈도, 억양구 경계 지역에서의 구간 및 평균 f_0 수치, 강도(dB) 등의 음운/음성학적인 신호로 구현된다. 이런 유창성 요소는 이중 언어 습득자들이 목표어를 습득함에 따라 모국어 사용자의 발화 형태로 접근한다는 사실은 많이 알려져 있다. 이런 유형의 연구들은 영어 유창성 습득(Ueyama, 2000; Guion, 2005; Mennon, 2006; Kang, 2012, 2003)이나, 한국어 유창성 습득(김상수, 2008; 이향, 2013; 김나미, 김영주, 2018)에 모두 긍정적인 영향을 미친다.

그러나, 비교적 단기간에 걸친 체류 경험은 언어별로 다른 발전 단계를 보여준다. 즉, 영어 원어민 한국어 학습자들의 경험이 한국어 원어민 영어 학습자들의 경험 변수보다 목표어 유창성 습득에 더 큰 영향을 끼치고 있었다. 이는 언어별로 다른 발달 경향 때문(Trofimovich & Baker, 2006)일 수 있고, 아니면 다른 변수의 개입(예를 들어 총 학습 기간, 사용 시간, 동기, 태도, 선호도) 등을 생각해 볼 수 있다 (Ortega & Iberri-Shea, 2005).

요약하면, 체류 경험 초기에는 '모국어/목표어의 언어학적 유사성'이 큰 영향을 미치지만, 후반부로 진행될수록 '언어습득 동기', '목표어에 대한 선호도' 등의 사회언어학적 요소가 더 큰 영향력을 발휘한다. 덧붙여, 유창성 습득에서 모국어와 목표어의 언어 구조가 중요하지만, 어떤 방향이 더 유리한지도 생각해볼 문제이다. 즉, 동일 조건하에서 영어 원어민이 한국어를 습득하는 것과 한국어 원어민이 영어를 습득하는 것이 다른 발달 정도를 보여줄 수 있다. 예를 들어, 본 저자가 실시한 한국어 원어민 영어 학습자와 영어 원어민 한국어 학습자의 두 집단 사이에 한국어 및 영어 유창성 발달 단계를 비교한 연구가 있다. 이 종단 연구 결과, 6개월 차이를 둔 1차 실험 시기와 2차 실험 시기의 유창성 판단과 유창성 음성학적 요소 변화 폭이 한국어 원어민 영어 학습자보다 영어 원어민 한국어 학습자들이 월등하였다. 이에 대한 원인으로는 여러 가지로 볼 수 있지만, 우선적으로 고려해야 할 것은 언어학적 제2외국어 유창성 습득의 방향성 문제이다. 즉, 강세 박자 언어인 영어(L1)에서 음절 박자 언어인 한국어(L2) 유창성을 습득하는 것이, 역으로 음절 박자 언어인 한국어(L1)에서 강세 박자 언어인 영어(L2) 유창성 습득보다 더 쉬울 수 있다는 추측을 해볼 수 있다. 인지 언어학(cognitive linguistics) 측면에서 모국어로서 강세 박자 언어 사용자는 유창성 판단에 커다란 영향을 미치는 초분절 요소에 대한 발화상 조음 부담이 비교적 적지만, 음절 박자 언어 사용자가 강세 박자 언어를 습득하는 데에는 새로운 인지 부담으로 작용하는 것으로 보인다. 이는 초분절 요소가 분절 요소를 포함하기 때문인데, 예를 들어 '구간 신호'나 '조음 시간' 같은 신호는 명백히 분절 요소이기 때문이다.

태도/믿음

준언어학적/비언어학적 요소가 유창성 발달에 깊숙이 개입되어 있다는 것은 많이 알려진 사실이다. 우선, 외국어 학습자가 갖는 태도와 믿음이 유창성 습득에 영향을 미친다. 첫 번째로 들 수 있는 것은 집단이 갖는 정체성(identity)이다. Taylor · Meynard · Rhéault(1977)은 캐나다 퀘벡주에서 불어 원어민 영어 학습자들을 대상으로 영어 능력 연구를 하였다. 이들을 대상으로 영어가 불어 사용 퀘벡주의 정체성에 영향을 미치는지를 설문 조사하였는데, 이 정체성에 상당히 영향을 미친다고 응답한 학습자들의 영어 능력이 상당히 낮았다.

Ellinger(2000)는 이스라엘 영어 학습자와 러시아 영어 학습자들을 대상으로 인종언어학적인 정체성이 영어 유창성 습득에 미치는 영향을 조사하였다. 그 결과 유창성 습득에 있어서 영어 화자 집단들 간의 심리적인 거리감과 자신의 인종 언어학적인 정체성의 강도가 다른 요인들(영어에 대한 흥미, 태도)보다 더 큰 영향을 미쳤다.

Dörney · Csizér · Németh(2006)는 영어와 독일어를 공부하는 13,000명의 헝가리 학생들을 대상으로 이들 언어에 대한 태도와 믿음을 조사였다. 이 연구 결과에서는 언어 선택에 있어서 학생들의 목표어에 대한 흥미가 관여되어 있고, 목표어와 목표어 사용 사회에 대한 믿음이 유창성 증진을 가능하게 하는 지속적인 노력으로 연결된다고 보고하고 있다. 구조 방정식을 이용한 이 연구는 사회언어학적 요소가 언어 선택에 영향을 미칠 뿐만 아니라, 유창성 발달에도 결정적으로 작용한다는 것이다.

이 태도와 믿음은 학습자가 제2 언어를 선택할 때 주요한 요소로 작용할 뿐만 아니라, 지속적인 발달에도 상당한 영향을 미친다. 흥미로운 사실은 이 태도와 믿음은 상당히 목표어의 위상에 좌우된다는 점이다. 요즘 들어 한국의 국제적인 위상이 올라감에 따라 한국어 선택이 증가하는 것은 다분히 이들의 태도와 믿음에 영향을 미치고 있다는 것을 알수 있고, 영어 원어민과 중국어 원어민 한국어 학습자의 발달 정도가 다른 것은 이런 변수에 영향을 받기 때문이다.

동기

학습자의 외국어 학습 동기는 유창성 습득에 결정적인 요소가 된다. 특히 이 동기 요소는 학습 중기 이후부터 더 큰 역할을 한다. Dörney(2009)는 동기를 외국어 유창성 습득의 핵심적인 요소로 보았다. 그는 통합적이고 도구적인 외국어 유창성 습득에서 일정한 한계를 돌파하기 위해서는 동기가 매우 중요하다고 보았다. 그가 설정한 동기는 Markus · Nurius(1986)가 설정한 자아의 개념에 근거를 두고 있는데, 이 자아들은 자기 자신을 규정하는 메커니즘이다. Dörney는 여러 자아들 중 '필수 자아'가 중요한데, 이는 그 지역사회가 공유하는 정체성을 갖도록 압박을 가하기 때문이다. 즉, 이 필수 자아를 충족시키기 위하여 영어 유창성 개발을 부단히 지속한다고 보았다.

미국 내에서의 영어 습득과 달리 외국인 원어민들의 한국어 유창성 습득은 '자아 정체성'보다는 '자아 성공'에 더 큰 의미가 주어진다. 즉, 주류 사회로의 합류에 의한 '자아 정체성'이 아니라, 커지는 한국의 위상에 기댄 '자아 성공'방식으로서 한국어 유창성을 습득한다. 이는 근본적으로 목표어가 제2 언어로서 습득하는지 혹은 외국어로서 습득하는지에 따라 동기가 달라지기 때문이다. 한국어인 경우 현재까지는 외국어로서 습득하는 경향이 강하기 때문에 '정체성' 관점이 아니라 '성공' 관점에서 접근한다. 이 접근 방식에 강력한 동기가 부여될수록 한국어 습득 정도는 더 가속화된다.

본 저자가 영어 원어민, 일본어 원어민, 중국어 원어민 한국어 학습자들을 대상으로 이루어진 종적 연구(Kang, 2020)에서 처음 1년간은 중국어 원어민 한국어 학습자의 유창성 평가가 가장 낮았지만, 3년 정도 지나면 가장 유창성이 가장 빠르게 발달함을 엿볼 수 있었다. 비슷한 조건이 부여될 때(학력, 체류 기간, 학습 기간 등), 중국어 원어민 한국어 학습자들이 다른 언어권 학습자들보다 발달 정도가 빠른 것은 비교적 강력한 성공 동기가 부여되고 있었다. 즉, 초기 1년간의 유창성 습득이 학습자의 교육 기간, 모국어/목표어 구조 등이 주요 변인으로 작용하지만, 후반부로 갈수록 학습자가 지닌 동기가 매우 주요한 요인이 된다.

6.2. 평가자

유창성 발달을 측정하는 평가자는 중요한 변수이다. 특히 평가 방식이 상대 평가인 경우는 이런 경향이 더 두드러진다. 절대 평가는 상대적 등급 비율이 존재하는 상대 평가와 달리, 평가자의 평가 준거에 의해 피평가자의 수행 능력을 자의적으로 판단하기 때문에, 평가의 '공정성'(fairness)은 매우 중요한 가치 항목이 된다. 미국 국립교육평가위원회(National Council on Measurement in Education, 1999)는 '공정성은 편견의 부재, 평가과정에서 피평가자에 대한 공정한 처리, 각기 다른 집단에 속한 피평가자의 평가 결과 공정성, 측정내용에 접근하는 학습 기회에 대한 동등성으로 구성된다'라고 하였다. Kunan(2008)도 공정성은 타당성, 편견의 부재, 과정 행정 사회적 결과 등의 동등성이 고려될 때 공정한 평가가 이루어진다고 보았다. 기존 연구들을 살펴보면 평가의 공정성은 단일 요소로 이루어지는 것이 아니라, 평가과정 이행에서 발생하는 많은 요소가 개입되어 있고, 이 요소는 각 문화권이나 사회가 평가자의 평가에 영향을 미치는 평가 외적인 측면과 아울러, 평가내용 및 방법같은 내적 요소에 의하여 좌우된다고 할 수 있다.

절대 평가에서 공정한 평가를 저해하는 주요한 요소로 평가자의 오류를 둘 수 있다. Murphy · Balzer(1989)는 평가자의 평가 오류가 시험 결과의 신뢰성에 커다란 영향을 미칠 수 있다고 주장하면서, 이들이 지닌 고정오류가 평가의 공정성에 흠집을 낼 수 있다고 지적했다. Bachman · Palmer(1996)은 이러한 고정오류는 총체적 채점 방식에 가장 잘 나타나며, 따라서 분석적 방식을 권장하고 있다. 이 연구들에서는 절대 평가에서 고정오류가 존재할 수 있으며, 공정한 평가를 위해서는 고정오류 인자를 찾아내는 것과 함께 평가 방식의 개선을 요구하고 있다.

이상적인 평가 방식은 해당 평가가 신뢰성(reliability)과 타당도(validity)를 확보하고 있다는 의미이다(신상근, 2010). 타당도란 관련된 요소들을 포함하는 평가가 정당화될 수 있는가 하는 것이며, 신뢰성이란 표본과 수험자 수행 능력을 일관성 있고 정확하게 평가하는 것을 의미한다. 결국, 표현 영역에서의 수험자들의 언어 표현 능력의 공정한 평가를 위하여 높은 수준의 신뢰도와 타당도를 확보하는 것은 매우 중요하다. 그러나 이런 공정성을 담보하는 신뢰도와 타당도는 평가과정이나 평가자가 지니는 고유의 오류인자에 인하여 훼손될 수 있다.

배경 언어

평가자 측면에서도 배경 언어는 중요한 변수이다. 비원어민을 대상으로 하는 영어 말하기 평가는 일반적으로 원어민에 의하여 평가를 받는 것이 일반적인 경향 이였다(Kachru, 1985; Kim Y-H, 2009). 현재 시행되는 TOEFL이나 TOEIC의 영어 말하기 평가가 원어민 위주로 평가가 이루어지는 것은 전혀 이상한 일이 아니다. 그러나 근래 들어 이런 경향에 의문을 제기하는 연구가 늘어나고 있다(Taylor, 2006; Kang & Ahn, 2012). 특히 Taylor의 연구는 비원어민 발화에 대하여 원어민 평가가 정당한 '기준'이 될 수 있는지에 대하여 강하게 의문을 제기하고 있다.

이런 의문점은 현실적인 환경에 기인하는 바가 크다. 우선 세계적으로 비원어민 영어 사용자의 급증으로 영어 비원어민을 대상으로 하는 비원어민에 의한 평가가 급격히 증가하였다(Lowenberg, 2002). 이런 비원어민에 의한 영어 말하기 평가 참여는, 비원어민인 한국인에 의한 영어 평가가 정당성을 담보할 수 있는지에 대한 의문을 유발했다. 일반적으로 한국인 영어 평가자에 의한 영어 말하기 평가는 원어민 평가자와 상당한 유사점과 동시에 차이점이 발견된다는 것이 일반적 연구 결과이다 (Lee C-H, 2010; 강석한·이석재, 2011). 기존 연구들을 요약하면, 수험자의 발화를 전부 듣고 그 전체적 인상을 중심으로 하나의 등급으로 채점하는 총괄평가(holistic marking)에서는 영어 원어민과 한국인 평가자 사이에 유사성이 발견되지만, 말하기 능력의 구성 요소를 하나하나 분석적으로 고려하여 채점하는 형태인 세부 평가(analytic marking) 방법에는 차이점이 발견된다고 보고하고 있다.

평가자 배경 언어에 대한 연구들을 살펴보면, 총괄평가에서는 한국인 영어 말하기 평가에서 영어 원어민과 한국인 평가자 사이에 높은 상관관계를 나타낸다고 주장하였다 (이석재, 박전규, 2003; 정현성 외 4인, 2008; 윤규철, 2011; Lee C-H, 2010). 그러나, 세부 평가 방법은 몇몇 영역에서 한국인과 원어민 평가자의 평가 결과가 통계적으로 유의미할 정도의 차이를 보이는 것으로 보고되고 있다. Kang · Ahn(2012)에서는 숙련도 (proficiency), 리듬 (rhythm), 억양 (intonation), 이해도 (intelligibility)로 나누어진 평가영역에서 이해도 측면에서 한국인과 원어민의 차이를 보이는 것으로 보고되고 있다. Lee C-H(2010)은 13명의 영어 원어민 평가자와 9명의 한국인 평가자들이 3명의 한국인 영어 발화를, 듣기, 문장완성, 대답, 문법 및 문장구조, 어휘, 발음, 능숙도, 응답 속도 등 8개 항목을 연구하였다. 결과는 문법 영역과 발음 영역에서 상당한 정도의 두 집단 간 차이를 보이는 것으로 보고하고 있다. 그러면, 유창성 이외의 말하기 평가영역에서 원어민/비원어민은 어떤 차이를 보일까?

다음 예시 연구는 한국인 영어 발화에 대하여 영어 원어민과 한국인 영어 교강사들이 영어 말하기 평가를 한 것이다(강석한, 2013). 두 집단의 평가영역에 대한 평가 엄격성 조사 결과는 다음과 같다.

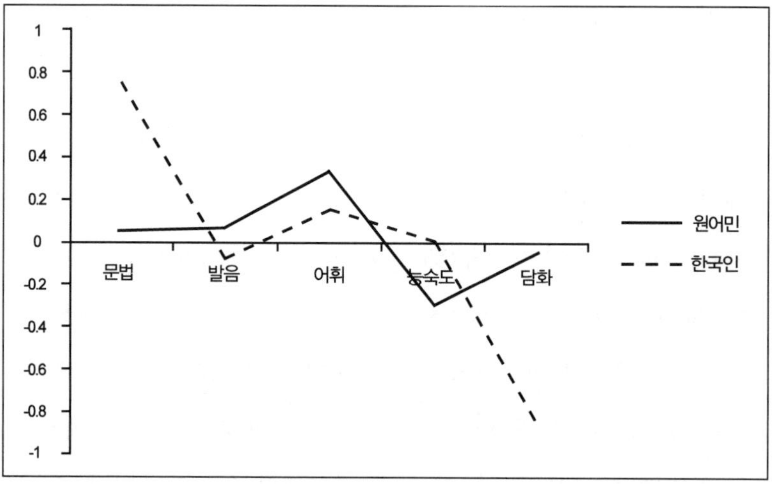

그림 70 원어민과 한국인 평가자 집단에 의한 평가영역 난도(강석한, 2013)

<그림 70>은 4개의 평가영역에 대한 두 집단 간 난도 추정치가 나타나있다. 영어 말하기 평가의 준거는 문법, 발음, 어휘, 능숙도, 담화의 5개 영역을 하위 요인으로 세부적으로 구성하였다. 이 분석은 두 집단의 평가자들이 각기 다른 평가영역에서 엄격성이 어떻게 나타나는지를 보여준다. 위 그림에서는 평가영역 중 문법, 담화 영역에서 비교적 커다란 평가상의 차이를 보여주고 있다. 한국인은 문법 영역에서 0.74 logit으로 매우 엄격한 평가를 하는 반면에, 영어 원어민은 0.05 logit으로 비교적 후한 평가를 하고 있다. 그러나 담화 부분은 두 집단 모두 비교적 후한 평가를 하지만, 두 집단 간에는 차이가 있다. 즉, 한국인은 -0.84 logit으로 상당히 후한 점수를 부여하지만, 영어 원어민은 -0.15 logit으로 상대적으로 엄격한 점수를 부여한다. 발

음 명료성, 어휘 및 능숙도 측면에서는 두 집단 간 엄격성 정도는 거의 비슷한 경향을 유치하고 있었다. 요약하면, 분석 결과 두 집단 모두 전반적으로 내적 일관성을 유지하고 있었고, 엄격성 측면에서도 비슷한 정도의 형태를 보이고 있었다. 그러나 문법 영역과 담화 영역에서 두 집단 간 차이를 보이고 있었다. 모국어 배경 변수는 학습자나 평가자 모두에게 영향을 미친다고 할 수 있다.

평가 오류

평가 오류란 평가자가 피평가자의 표현 능력을 평가할 때 체계적으로 발생하는 오류로, 편견이나 주관적, 혹은 외부의 영향을 받지 않는 이상적인 평가 결과와 실제 평가자의 부정확한 판단과정에 의하여 도출되는 평가 결과와의 차이를 의미한다(Pulakos, 1984). 이런 신뢰도에서 중요한 내적 일관성(consistency)을 무너뜨리는 고정 오류중에 대표적인 것이 관대화 오류와 후광 효과다. 관대화 오류는 평가 오류에 관한 기존의 언어평가 연구들에서 가장 많이 다루어졌으며, 피평가자들의 능력이나 성과를 실제보다 더 높게 혹은 더 낮게 일관되게 평가하는 것을 의미한다. 후광 효과란 평가자가 피평가자의 언어 능력에 대한 인상을 근거로 모든 표현 영역의 구인에 대하여 전반적으로 좋음 혹은 나쁨으로 일관되게 평가하는 경향을 말한다. 일반적으로 후광 효과는 평가자가 피평가자의 언어 능력 이외의 당사자 및 외부 특성에 대하여 특정 요소에 비중을 두고 평가할 때 평균 이상으로 과도하게 발생한다. 이러한 후광 효과가 발생하면 평가도구의 평가 변수 간 척도 변별력을 떨어뜨리는 결과를 낳고, 이는 평가의 신뢰도와 타당도에 부정적인 영향을 미치게 된다.

고정오류에 관한 연구는 한국어 교육평가 분야에서는 찾아보기 힘들지만, 해외에서는 1960년대 이후로 언어평가영역에서 꾸준히 연구되어오고 있다. 현재까지 알려진 평가 오류는 대비 효과(contrast effect), 첫인상 효과(first impression effect), 후광 효과(halo effect), 유사성 오류(similar-to-me error), 관대화 오류(leniency error), 최신오류(recent error), 논리적 오류(logical error) 등이 있다(김명소, 이광진, 2008). 이 중에 가장 대표적인 것은 고정오류(constant errors)에 속하는 관대화 오류와 후광 효과인데, 이 오류들은 평가되는 변수들 간의 잘못된 유사성이 반영될 때 발생한다.

관대화 오류는 평가 오류에 관한 기존의 언어평가 연구들에서 가장 많이 축적되었다. Bardor · Yeager · Klingsporn(1982)은 관대화 오류란 평가시 척도의 중위 점수로부터 일관되게 낮게 혹은 높게 평가하는 것을 의미한다고 하였다. 따라서 이 경우 피평가자의 능력이나 성과를 실제보다 과소/과장되게 평가하게 된다고 보고하고 있다. 이 측면에서 본다면 관대화 오류는 엄격화 오류(severity errors)를 포함하는 개념이다.

Bernardin · Alvares · Cranny(1976)는 평가자의 평가점수 패턴이 평가 척도상에서 중간지점에서 부적인 혹은 양적인 방향으로 일관되게 이동하는 경향이라고 정의한다. 따라서 이런 평가에서는 일관된 오류 반응 경향을 파악할 수 있다고 보았다. 결국, 관대화 오류는 다른 평가자들이 부여한 점수에 의해서 도출된 점수보다 과도/과소하게 일관되게 평가된 평가 패턴을 의미한다(Becher, Maris, Hsiao, 2010). 이 같은 관대화 오류는 평가 상황에서 가장 흔히 나타나는 오류로써 평가 결과를 비정상적으로 왜곡시키는 위험을 안고 있으며, 실제로 수행평가에 의한 절대 평가가 확산되면서 학교의 입장에서는 평가의 변별력 저하로 인해, 피평가자간 개인차 측정 능력이 실제적으로 이루어지지 않는 것이 가장 큰 문제점으로 지적되어 왔다(신동일, 2006). 일반적으로 관대화 오류의 원인으로는 자기 보호 측면에서 설명된다. 피평가자에게 낮은 혹은 높은 점수를 부여할 경우 발생할 수 있는 피평가자와의 심적인 갈등, 평가 관련자, 혹은 사회에 미치는 영향 등을 고려하여 왜곡하여 평가한다고 할 수 있다.

후광 효과란 평가자가 피평가자의 측정하려는 능력 이외의 단편적인 특징에 의한 인상(impression)을 근거로 모든 표현 영역의 구인에 대하여 전반적으로 좋음 혹은 나쁨으로 평가하는 경향을 말한다. 일반적으로 후광 효과는 평가자가 피평가자의 언어 능력 외적인 특성으로 인하여 부정적인 요소에 비중을 두고 평가할 때 발생한다. 혹은 역으로 피평가자들이 인상관리를 통하여 평가자에게 긍정적인 인상을 만듦으로써 의도적으로 후광 효과를 조장할 수 있다. 이러한 후광 효과가 발생하면 평가도구의 평가 변수의 척도 변별력을 떨어뜨리는 결과를 낳고, 이는 평가의 신뢰도와 타당도에 부정적인 영향을 미치게 된다. 즉, 평가척도들이 중복적인 정보만을 제공해 줌으로써 주어진 평가척도에 대한 타당도를 떨어뜨리게 된다. 학교에서 실시하는 수행평가에서는 과업에 대한 여러 가지 준거들이 제시되어 피평가자의 수행능력이 정확하게 진단하는 것이 중요한데, 후광 효과가 높으면 정확한 분석이 어렵게 된다.

전문가/비전문가

전문가/비전문가 집단에 따라 역량 변수에 의하여 평가의 신뢰도와 타당도가 달라진다고 보고하고 있다(Hadden, 1991; Chalhoub-Deville, 1995). 일반적으로 전문가 집단은 비전문가 집단에 비하여 엄격한 평가를 한다고 알려졌지만, 모든 연구가 이 결과를 따르는 것은 아니다. 이는 아마도 평가자의 배경 언어, 샘플수, 평가 방식의 다양성 등의 변수에 의하여 결과가 영향을 받기 때문이다. Hadden(1991)은 영어 전문가와 비전문가 집단이 중국인 영어 발화에 대하여 평가를 비교 연구하였다. 이 결과에 의하면, 언어 능력 측면에서는 전문가 집단이 더 엄격한 채점을 하는 경향을 보이지만, 이해도, 수용성, 개성, 비언어적 능력 측면에서는 두 집단 사이에서는 큰 차이가 없다고 보고하고 있다. Chalhoub-Deville(1995)은 배경 언어와 전문가 요소의 두 매개변수를 이용하여, 아랍인 미국 거주 전문가 집단, 아랍인 미국 거주 비전문가 집단, 그리고 아랍 거주 비전문가 집단을 대상으로 연구하였다. 그 결과 전문가 집단에서는 언어 측면보다는 담화 과업 측면에서 창의성과 정보 수용성에 더 평가 가중치를 두는 경향을 보였다.

다음은 본 저자가 전문가인 영어 교직 경험자와 비전문가인 무경험자의 평가 경향을 살펴보았다(강석한, 2017). 설문 조사를 통하여 영어 말하기 필요성, 말하기 평가 구인, 평가 기능 유형 등에서 전반적으로 비슷한 응답을 하였다. 그러나 세부적으로는 두 집단 간에 차이점을 보이는데, 우선 영어 말하기 평가 필요성에 대하여 두 집단 모두 필요성을 공감하지만, 교직 유경험자들이 교직 무경험자들보다 말하기 평가 필요성을 더 인식하고 있었다. 또한 말하기 평가 구인에 대하여서도 주어진 8개 구인 중, 교직 무경험자는 문법, 담화내용, 어휘, 조직, 유창성을, 교직 유경험자는 조직, 어휘, 담화내용, 상호작용, 사회문화적 적절성을 꼽았다. 두 집단 사이에는 큰 차이가 없지만, 교직 무경험자는 문법, 발음의 정확성을 중점을 둔 반면, 교직 유경험자는 담화의 조직과 내용에 더 중요성을 두고 있었다.

더 자세히 살펴보면, 전반적으로 교직 경험과 관계없이 평가 신뢰성 측면에서 합격 판정을 내릴 수 있는데, 이는 극소수의 평가자들을 제외하고 두 집단 모두 대체로 내적 일관성을 나타내는 내적합도 분석에서 0.5와 1.5 사이에 위치하고 있기 때문이다. 그러나 준거 적용 측면에서 문법, 담화내용, 조직영역에서 두 집단은 유의미할 정도의 차이를 보여주고 있는데, 이는 교직 경험 별로 서로 다른 인식과 평가를 한다는 면에서 앞으로 영어 말하기 유창성 평가에 유의해야 할 점이라고 본다.

다음 <그림 71>은 두 집단 간의 각 준거 영역별로 평가상의 차이를 그림으로 보여주고 있다.

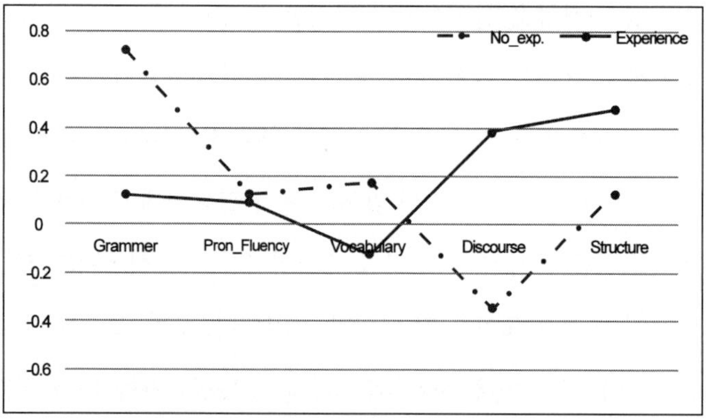

그림 71 집단별 구인별 로짓 경향(강석한, 2017)

교직 무경험자는 문법 영역에서 0.72 logit으로 매우 엄격한 평가를 하는 반면에, 교직 유경험자는 0.12 logit으로 비교적 후한 평가를 하고 있다. 어휘 부분에서도 교직 무경험자가 후한 평가를 하고 있음을 알 수 있다. 그러나, 담화 영역에서는 교직 경험자가 엄격한 평가를 하고 있다. 즉, 담화내용에서는 0.38 logit으로 무경험자의 -0.35 logit보다 엄격도가 높으며, 조직 측면에서도 0.47 logit으로 비교 대상 집단보다 엄격한 평가를 하고 있음을 알 수 있다.

이 연구를 통하여, 교직 무경험자건 유경험자건 간에 평가자들의 준거 적용 해석에 논란의 소지가 있을 수 있음을 알 수 있다. 왜냐하면 가장 이상적인 준거 설계 및 평가는 두 집단이 비슷한 행태를 보여야 하는데, 실제적으로 두 집단 간에는 일부 준거 영역에서 차이를 보이고 있기 때문이다. 그러나 두 집단 간에 유의미한 차이를 보이는 문법, 담화내용, 조직 분야에서 어느 집단이 '타당성' 있는 평가를 하고 있는지는 이 연구에서는 제시할 수 없다. 단지, 교직 진입 전과 진입 후에는 주관적 절대 평가 설계 및 시행 인식에 변화가 있음을 이 연구에서는 뚜렷이 보여주고 있다. 이론적으로 이상적인 평가가 이루어지기 위해서는 평가집단을 대상으로 심층적인 조사를 통하여 준거 설계를 하고, 이를 바탕으로 최대한 타당성 있는 구인과 평가 기능을 바탕으로 준거 평가를 하는 것이다. 따라서 이는 면담을 통한 질적 연구를 통하여 이루어지는 것이며, 사회언어학적 인류언어학적 관점이 필요하다.

정리

1. 유창성 발달에 개인차가 생기는 것은 지식과 표현 능력 사이에 유창성 갭(fluency gap)이 생기기 때문이다.

2. 전반적으로 평가자는 원어민/비원어민 여부로 다른 평가 경향을 보이지 않는다. 단지 일부 세부 영역에서는 다르게 나타난다.

3. 학습자 측면에서 체류 경험은 발달 변수 중에서 가장 큰 역할을 한다.

4. 체류 경험 초기에는 '모국어/목표어의 언어학적 유사성'이 영향을 미치지만, 후반기로 갈수록 '동기, 믿음, 태도' 등 준언어학적/비언어학적 요소가 더 큰 영향력을 발휘한다.

5. 평가의 공정성 확보는 평가과정 이행에서 발생하는 많은 요소들을 적절하게 관리가 하는 것이 필요하다.

6. 평가의 내적 일관성을 무너뜨리는 고정 오류중에 대표적인 것은 관대화 오류와 후광 효과이다.

7. 유창성 연구의 과제와 전망

지금까지 유창성 습득 및 평가에 대한 전반적인 영역을 영어와 한국어를 비교하면서 기술하였다. 그러나 아직도 유창성에 관한 연구는 미흡하다. 이 장에서는 현재 연구의 과제 및 전망에 대하여 언급하고자 한다.

7.1. 측정 및 분석

지금까지 유창성을 측정하는 여러 신호들을 소개하였지만, 사실상 아직까지도 대다수 연구자들이 동의하는 객관적인 신호와 측정 방법을 찾지 못하고 있다. 발화 속도와 휴지 구조가 다른 신호들에 비하여 유창성 평가에 커다란 영향을 미친다고 동의하고 있지만, 문제는 신호 측정 방법이 연구자들마다 다르다는 데 있다(Kormos, 2000). 예를 들어 휴지 구간 설정에서 0.2초에서 1초까지 다양한 기준이 적용될뿐더러, 휴지 구간의 정의도 다양하다. 즉, 순수한 묵음 구간을 휴지 구간으로 정의하는 연구들이 있는 반면, '어', '음' 같은 무의미 발성을 휴지구간으로 설정하는 경우도 있다. 발화 속도 측정도 연구자에 따라 다양하다. 어떤 연구자들은 초당 혹은 분당 음절수를 나누어서 측정하는 반면에, 다른 연구자들은 단어수로 나누는 경우도 있고, 기준 시간이내의 이내의 휴지구간을 포함하는지도 각기 다르다. 휴지 구간과 관련된 또 하나의 문제점은 '엄', '음'과 같은 무의미 발성을 휴지 구간으로 처리하여 유창성 평가에 감점 요소로 제시한다는 점이다. Clark · Tree(2002)는 영어 화자인 경우 '무의미 발성 휴지 구간'에 포함된 '엄' '음'과 같은 발음은 유창성과는 상관없이 대화 상대방의 관심을 끌려는 행위로 해석했다. 이 연구를 뒷받침하는 것이 Collard · Corley · MacGregor · Donaldson(2008)의 연구에서도 이러한 유형의 '휴지 구간'은 신경언어학적 현상과 관계있고, 개인차가 존재한다고 주장하였다.

또 다른 문제점은 각 신호가 의미하는 정의와 측정 방법이 언어별로 다를 수 있다는 점이다. 3장에서도 소개하였지만, 영어와 한국어인 경우 발화 속도와 휴지 구조가 유창성 판단에 큰 영향을 미친다는 사실은 동의하고 있지만, 일부 신호는 두 언어가 다른 유창성 정도를 나타낸다. 즉, 리듬 박자 언어인 영어는 리듬이 구현되는 포만트 구조가 중요한 신호이지만, 음절 박자 언어인 한국어는 유창성 판단에 전혀 영향을 미치지 못한다. 이는 중국어, 일본어와 비교해도 각기 다른 결과를 얻을 수 있다.

유창성 연구에서 결정적인 문제는 통계와 관련된 주제이다. 상당히 많은 연구들이 표본 크기에서 문제점을 보이는데, 국내외 대다수 연구들이 20명 미만의 피험자들로 구성되어 있고, 심지어는 2~3명의 피험자들을 대상으로 실험을 한 경우도 보인다. 이는 실험 결과가 왜곡되어 해석될 소지가 있다. 더구나 국내의 일부 논문들에서는 통계 적용에 문제점이 나타나는 경우도 있다. 예를 들어, 각 집단별로 유창성 정도를 평가하는 연구에서 단순하게 '독립표본 t-검정'을 실시하는 경우가 있는데 이는 통계 분석을 단순하게 처리하는 대표적인 경우이다.

세 번째로 지적하고 싶은 문제는 과제와 관련된 문제이다. 각 연구에 사용되는 과제들은 다양하다. 도표 설명, 그림 설명, 인터뷰 방식, 의견제시, 심지어는 읽기 과제들도 존재한다. 사실상 모국어 평가자의 인상에 따라 결정되는 유창성 평가 특징상 어떤 과제를 선택하느냐에 따라 평가가 달라질 수밖에 없다. 즉, 읽기 과제를 수행한 자료와 의견 제시과제를 수행한 자료를 기반으로 평가한 유창성 정도는 다를 수밖에 없다.

이런 문제점은 단편적인 결론으로 이어져서는 안 되고 복합적으로 살펴보아야 한다. 예를 들어, 휴지 구간이 길어지고 빈도수가 증가하면 유창성 평가가 낮아진다는 것은 익히 알려진 사실이다. 그렇다면 휴지 구간이 길어지는 현상을 무조건적으로 부정적으로 보아야 하는가? Grosjean(1980)은 통사적인 구조에서 동사구가 매우 긴 경우 동사구 앞에서 일정 시간 이상의 휴지 구간이 나타나는 것은 매우 당연하다고 보았다. 이런 경우 휴지 구간은 유창성과는 관계없는 것이다. 특이하게도 한국어 원어민 영어 학습자인 경우 종종 종속절 앞에서 휴지 구간이 길어지고 빈도수가 증가하는데 이는 유창성보다는 영어의 전반적인 지식이 부족한 것으로 보인다.

지금까지 연구들을 종합해보면, 유창성 연구의 신뢰성에 문제가 있음을 파악할 수 있다. 이는 각각의 연구들의 다양성에 기인하다. 현시점에서는 자료 수집과 분석 과정에 표준을 정할 필요가 있고, 표본 크기를 확장하고, 집단연구에서 흔히 무시할 수 있는 개인간의 차이에 좀 더 연구를 집중해야 한다.

7.2. 평가자

우리나라에서는 절대 평가 하의 준거 설계 및 적용에 관한 연구가 비교적 적지만, 유창성 평가가 절대 평가 방법을 따르는 한 이런 평가자 연구는 매우 필요하다. 현재까지 평가자들을 원어민/비원어민, 전공자/비전공자, 남성/여성의 변수를 넣어서 준거 적용에 어떤 차이가 있는지를 살펴보는 연구는 몇 편 정도가 존재한다. 송민영·이용상(2014)은 현직 영어 교사로서 NEAT 2급과 3급 채점자들 중 상위 수준 채점자 6명과 하위 수준 채점자 4명에 대하여 면접 연구를 진행하였다. 결과 준거 적용에서 두 집단은 명백한 차이를 보이고 있다고 보고하고 있다. 예를 들어, 상위 채점자인 경우 각 준거 영역에 대한 이해가 분명하고, 각 영역을 독립적으로 판단하였으며, 비록 의존적으로 판단한 경우라도 그 근거가 분명했다. 반면에 하위 수준 채점자들은 각 준거 영역에 대한 이해가 부족하고 영역 간 개념들이 혼재되어 있어서 '과제 완성'을 설명하는데 '언어사용'의 개념이 쓰이기도 하고 심지어는 '발음' 영역을 설명하는데 '언어사용' 개념이 쓰이기도 했다. 또한. '언어사용' 영역에서 상위 채점자들은 '문장의 성립 여부'와 '의사전달 가능 여부'라는 '주요 오류'를 판단하여 점수를 정했지만, 하위 채점자들은 오류의 종류를 그 심각성에 따라 구분하기보다는 단순히 오류 개수의 많고 적으므로 판단하였다. 이 연구는 평가 경력이 준거 적용에 어떤 영향을 미치는지를 연구했다는 점에서 의의가 있다.

강석한(2013)은 FACETS 프로그램을 이용하여 한국인 및 원어민 영어 교강사의 영어 준거 평가 비교 연구하였다. 그 결과 준거 적용에 차이가 있음을 밝혀냈다. 준거 적용에서 원어민은 비교적 좁은 범위에서 준거를 적용하지만, 반면에 한국인 평가자 집단은 폭넓은 범위에서 적용한다. 이는 한국인 평가자들이 원어민 평가자들과 비교해 각 평가 과업별로 준거 적용에 일관성이 결여되어 있음을 보여준다. 또한, 각 평가영역 중 문법, 담화 영역에서 비교적 커다란 평가상의 차이를 보여주고 있음을 보고하고 있다. 한국인은 문법 영역에서 매우 엄격한 평가를 하는 반면에, 원어민은 비교적 후한 평가를 하고 있다. 그러나 담화 부분은 전반적으로 두 집단 모두 비교적 후한 평가를 하지만, 두 집단 간에는 세부 내용에서 차이가 있음을 보여주고 있다고 보고하고 있다. 이 연구는 비원어민인 한국인 영어 교/강사의 평가 자료에 대하여 원어민과 비원어민 간의 준거 적용 차이를 연구했다는 점에서 의의가 있다. 요약하면, 평가자들은 평가 적용에 오류를 범할 가능성이 크고, 이 오류들은 평가자들의 배경 변수에서 기인하는 경우가 많다. 이런 오류를 감소시키기 위하여 평가자들을 대상으로 하는 훈련은 필수적이다.

7.3. 피평가자

외국어 학습자들은 발화시 유창한 흐름을 방해하는 어려움에 처하는 경우가 흔하다. 특정한 단어가 생각나지 않을 수 있고, 어순이 꼬이거나, 비문법적인 형태소를 집어넣을 수 있다. 이러한 문제가 발생했을 때, 외국어 발화자들은 다양한 회피전략을 사용할 수 있고, 이런 경우 평가자들은 유사 유창성 문제에 직면하게 된다.

Towell과 동료들(1996) 연구는 유창도가 낮은 외국어 발화자는 유창성 평가를 높이기 위하여 조립식 말뭉치를 사용하는 경향이 있다고 지적하였다. 정상적인 대화와 동떨어진 이런 유형의 발화는 진정한 유창성 평가를 피하려는 회피전략이라는 것이다. 이러한 회피전략이 사용되었을 때, 정해진 시간 내에 다수의 자료를 평가해야 하는 평가자들은 어려움에 직면할 수 있다.

발화상 회피전략을 사용하는 주된 원인 중의 하나가 '시간제한' 때문이라는 연구 보고가 있다. Dörnyei · Kormos((1998)은 외국어 발화자들은 '시간제한'이 주어졌을 때 유사 유창성을 유발할 수 있는 전략을 사용한다고 하였다. 이런 전략으로는 시간을 벌 수 있는 무의미 단어들, 비어휘 휴지, 자기 수정, 대화 상대방의 대화에 대한 반복 등이 포함된다. 무의미 단어들에는 'you know, actually, this is rather difficult' 등이 있다. 비어휘 휴지에는 묵음 휴지뿐만 아니라, '어', '음', '아' 등의 무의미 발음들을 포함하는 '발성 휴지'도 포함된다. 평가시에 이러한 유창성 신호가 보일때는 확실히 유창성 취약점에 노출된 것으로 판단해야 한다.

7.4. 연구 수용 문제

이 문제가 중요한 점은 요즘 들어 우리나라의 연구에서 인용되는 외국어 말하기 '유창성' 평가는 우리나라 출신의 평가자 및 피평가자들을 대상으로 하는 연구에 기반을 둔 것이 아니라, 주로 영어권의 원어민 평가자/피평가자들에 관한 결과를 그대로 수용한 연구들이 많고, 이는 그대로 외국어로서의 한국어 말하기 평가에도 거의 똑같이 적용된다는 점이다.

사실상, 한국인을 대상으로 하는 영어 말하기 평가에 많이 사용하는 OPIc, TOEIC speaking, TOEFL speaking의 '유창성' 평가는 주로 영어권 원어민에 의하여 평가되는 것으로, 한국인 평가자에 의한 영어 말하기 평가와는 다르다. 따라서 이런 유형의 평가 준거를 한국인 평가자들에게 그대로 적용하는 것은 매우 위험한 일이다.

이 문제는 외국어로서의 한국어 말하기 평가에서 그대로 나타난다. 아직까지 한국어 말하기 평가에 대한 기준이 명확하지 않기 때문에 평가 기준을 영어권 말하기 평가에서 차용하는 경우가 많고,

이는 피평가자들의 한국어 능력이 제대로 반영되고 있는지에 대한 의구심을 낳게한다. 언어구조 측면에서도 음절 박자 언어인 한국어와 리듬 박자 언어인 영어의 유창성 구조가 다를 뿐 아니라, 환경측면에서도 영구 정착을 목적으로 이루어지는 성인 이민자들을 대상으로 하는 영미권 연구들과, 아직까지는 일시적인 체류를 목적으로 한국어를 습득하는 학습자들에 대한 유창성 습득과 평가는 달라질 수밖에 없다. 이는 우리나라 실정에 맞는 유창성 연구가 필요함을 의미한다.

정리

1. 유창성을 측정하는 여러 방법들이 있지만, 대다수 연구자들이 동의하는 측정 방법을 찾지 못하고 있다.

2. 유창성 종단 연구에서 중요한 결함은 피험자 표본이 너무 적다는 데 문제가 있다. 이는 구조적 문제일 수 있다.

3. 평가자의 평가 오류를 최소화하기 위하여 평가자 훈련은 매우 필요하다.

4. 피평가자들이 구사하는 의사(유사) 유창성 경향을 파악하는 것이 중요하다.

5. 한국어 유창성 평가에 영어권 연구를 참고하는 것은 권장하지만, 전적으로 동일한 잣대를 가져갈 필요는 없다.

참고문헌

강남욱. (2011). 한국어 학습자의 시제 개념 습득 연구. 국어교육연구, 49, 239~268.

강석한. (2013). 영어 말하기 평가에서 한국인 평가자의 평가 특성 연구. 언어학 연구, 26, 1~21.

강석한. (2015). 중국어, 영어 및 일본어 원어민 한국어 학습자의 초분절 습득 비교 연구, 언어학 연구, 37, 1~23.

강석한. (2017). 영어 절대 평가에서 교직 경험이 준거 설계 및 적용에 미치는 영향. 언어학 연구, 42, 311~335.

강석한. (2018). 영어와 한국어의 L2 유창성 습득 및 판단 비교 연구: 체류 경험을 중심으로. 이중언어학, 71, 1~36.

강석한, 이석재. (2011). 한국인 영어 발음의 좋음과 나쁨 인지 평가에 영향을 미치는 초분절 매개변수 연구. 말소리와 음성과학, 3(2), 3~10.

강석한, 안현기. (2014). 외국인 한국어 말하기 시험의 평가자 요소가 채점에 미치는 영향. 이중언어학, 55, 1~29.

김나미, 김영주. (2018). 말하기 유창성 평가에서의 평가 구인간 상관관계. 한국어 의미학, 59, 87~108.

김상수. (2008). 한국어 학습자 발화의 유창성 판단에 관한 연구. 한국어 교육, 19(2), 75~90.

김옥기, 강석한. (2020). 영어권 및 중국어권 한국어 학습자의 유창성 습득 종단 초기 연구. 한국어 교육, 31(2), 29~52.

김영익, 김종현. (2008). 조기통합된 이중언어 사용 난청유아의 언어습득에 관한 종단연구. 언어치료연구, 17, 171~188.

김태경, 박초롱. (2015). 외국어로서의 한국어 발화 유창성 변화 연구: 중국어 모어 화자를 대상으로. 언어과학연구, 75, 129~150.

박시균. (2013). 한국어 음성 음운 교육론. 서울: 한국문화사.

송민영, 이용상. (2014). 영어 말하기 채점자의 특성 비교: 우수한 채점자 vs. 초보 채점자. 2014 KELTA Conference Handbook. 36~37.

윤규철. (2011). 영어발음 자동평가 모델. 언어학 연구, (19), 149~167.

이석재, 박전규. (2003). 한국인의 영어 문장 발음에 대한 한국인/원어민. ILT 평가점수 사이의 상관관계. 대한음성학회 2003 학술대회 Proceedings.

이향. (2013). 발음 평가에 있어서 정확성, 유창성, 이해명료성, 이해가능성 기준 간의 영향관계 연구. 언어와 문화, 9(3), 221~243.

임우열, 김영주. (2014). 한국어 고급 학습자의 발음 숙달도와 발음 학습 전략 사용 간의 관계 연구. 한국어 교육, 25(4), 189~218.

신동일. (2006). 한국의 영어 평가학. 서울: 한국문화사.

신상근. (2010). 외국어 평가의 이론과 실제. 서울:한국문화사.

정현성, 장태엽, 윤원희, 윤일승, 사재진. (2008). 한국인 영어 학습자의 발음 정확성 자동 측정방법에 대한 연구. 언어와 언어학, 42, 165~196.

홍경훈, 심현섭. (2002). 유아의 말소리 발달 특성: 18-24 개월 종단연구. Communication Sciences and Disorders, 7(2), 105~124.

Abrahamsson, N. (2003). Development and recoverability of L2 codas: A longitudinal study of Chinese-Swedish interphonology. Studies in Second Language Acquisition, 25, 313-349.

Aoyama, K., Flege, J. E., Guion, S. G., Akahane-Yamada, R., & Yamada, T. (2004). Perceived phonetic dissimilarity and L2 speech learning: The case of Japanese/r/and English /l/ and /r/. Journal of Phonetics, 32(2), 233-250.

Backman, N. E. (1979). Intonation errors in second language pronunciation of eight Spanish speaking adults learning English. Interlanguage Studies Bulletin, 4(2), 239-266.

Bachman, F. & Palmer, S. (1996). Language testing in practice: Designing and developing useful language tests. Oxford: OUP.

Bardo, J. Yeager, S. & Klingsporn, J. (1982). Preliminary assessment of format-specific central tendency and leniency error insummated rating scales. Perceptual and Motor Skills, 54, 227-234.

Bechger, T., Maris, G. & Hsiao, Y. (2010). Detecting halo effects in performance-based examination. Applied Psychological Measurement, 34(8), 607-619.

Beck, M. L. (1998). L2 acquisition and obligatory head movement: English-speaking learners of German and the local impairment hypothesis. Studies in Second Language Acquisition, 20(3), 311-348.

Bent, T., & Bradlow, A. R. (2003). The interlanguage speech intelligibility benefit. The Journal of the Acoustical Society of America, 114(3), 1600-1610.

Bernardin, J., Alvares, A. & Cranny, J. (1976). A recomparison of behavioral expectation scales to summated scales. Journal of Applied Psychology, 61, 564-570.

Boersma, P., & Weenink, D. (2021). Praat: doing phonetics by computer [Computer program]. Version 6.1. 44.

Bradlow, A. R. (1995). A comparative acoustic study of English and Spanish vowels. Journal of the Acoustical Society of America, 97, 1916-1924.

Bradlow, A. R., Torretta, G. M., & Pisoni, D. B. (1996). Intelligibility of normal speech I: Global and fine-grained acoustic-phonetic talker characteristics. Speech Communication, 20(3-4), 255-272.

Burda, A. N., Hageman, C. F., Scherz, J. A., & Edwards, H. T. (2003). Age and understanding speakers with Spanish or Taiwanese accents. Perceptual and Motor Skills, 97(1), 11-20.

Bygate, M. (1996). Effects of task repetition: Apprasing the developing language of learners. In Willis (eds.), Challenge and change in language teaching. Oxford: Heinemann Press.

Chalhoub-Deville, M.(1995). Deriving oral assessment scales across different tests and rater groups. Language Testing, 12, 16-33.

Cheng, W., & Warren, M. (2005). Peer assessment of language proficiency. Language Testing, 22(1), 93-121.

Cho, T., & Ladefoged, P. (1999). Variation and universals in VOT: evidence from 18 languages. Journal of phonetics, 27(2), 207-229.

Chun, D. M. (2002). Discourse intonation in L2. From theory and research to practice. Amsterdam, PA: John Benjamins Publishing Company.

Clark, H. H., & Tree, J. E. F. (2002). Using uh and um in spontaneous speaking. Cognition, 84(1), 73-111.

Collard, P., Corley, M., MacGregor, L. J., & Donaldson, D. I. (2008). Attention orienting effects of hesitations in speech: Evidence from ERPs. Journal of Experimental Psychology: Learning, Memory, and Cognition, 34(3), 696.

Cook, V. (2002). Portraits of the L2 user. Clevedon, UK: Multilingual Matters.

Council of Europe. Council for Cultural Co-operation. Education Committee. Modern Languages Division. (2001). Common European Framework of Reference for Languages: learning, teaching, assessment. Cambridge University Press.

Grosjean, F. (1980). Spoken word recognition processes and the gating paradigm. Perception & psychophysics, 28(4), 267-283.

Dalby, J. M. (1986). Phonetic structure of fast speech in American English. Bloomington, IN: Indiana University Linguistics Club.

De Jong, N. H., & Wempe, T. (2009). Praat script to detect syllable nuclei and measure speech rate automatically. Behavior Research Methods, 41(2), 385-390.

Derwing, T. M., & Munro, M. J. (1997). Accent, intelligibility, and comprehensibility: Evidence from four L1s. Studies in Second Language Acquisition, 19(1), 1-16.

Derwing, T., Munro, M., & Thomson, R. (2007). A longitudinal study of ESL learners' fluency and comprehensibility development. Applied Linguistics, 29(3), 359-380.

Derwing, T., Rossiter, M. & Thomson, R. (2004). L2 fluency: Judgments on different tasks. Language Learning, 54(4), 655-679.

Dewaele, J. M., Beardsmore, H. B., Housen, A., & Wei, L. (2003). Bilingualism: beyond basic principles: festschrift in honour of Hugo Baetens Beardsmore, Multilingual Matters, 123. 1-17.

Disner, S. F.(1980). Evaluation of vowel normalization procedures. Journal of the Acoustical Society of America, 67, 2453-261.

Dörnyei, Z., & Kormos, J. (1998). Problem-solving mechanisms in L2 communication: A psycholinguistic perspective. Studies in Second Language Acquisition, 20(3), 349-385.

Dörnyei, Z., & Taguchi, T. (2009). Questionnaires in second language research: Construction, administration, and processing. Paris: Routledge.

Dörnyei, Z., Csizér, K., & Németh, N. (2006). Motivation, language attitudes and globalisation. Paris: Multilingual Matters.

Hadden, B. L. (1991). Teacher and nonteacher perceptions of second-language communication. Language Learning, 41(1), 1-20.

Handel, S. (1989). Listening. An introduction to the perception of auditory events, Cambridge, MA: Blackwell.

Eckert, H., & Laver, J. (1994). Menschen und Ihre Stimmen. Berline: Beltz Psychologie Verlags Union.

Ejzenberg, R. (1992). Understanding nonnative oral fluency: The role of task structure and discourse variability. Ann Arobor: University Microfilms International.

Ejzenberg, R. (2000). The juggling act of oral fluency: A psycho-sociolinguistic metaphor. In Perspectives on fluency (pp. 287-313). Ann Arbor: University of Michigan Press.

Ellinger, B. (2000). The relationship between ethnolinguistic identity and English language achievement for native Russian speakers and native Hebrew speakers in Israel. Journal of Multilingual and Multicultural Development, 21(4), 292-307.

Erickson, M. L. (2000). Simultaneous effects on vowel duration in American English: A covariance structure modeling approach. Journal of the Acoustical Society of America, 108, 2980-2995.

Fayer, J. M., & Krasinski, E. (1987). Native and nonnative judgments of intelligibility and irritation. Language Learning, 37(3), 313-326.

Fillmore, L. W. (1979). Individual differences in second language acquisition. In Fillmore (Eds.), Individual differences in language ability and language behavior (pp. 203-228). New York: Academic Press

Foster, P. & Skehan, P. (1996). The influence of planning and task type on second language performance. Studies in Second Language Acquisition, 18(3), 299-323.

Freed, B. F., Segalowitz, N., & Dewey, D. P. (2004). Context of learning and second language fluency in French: Comparing regular classroom, study abroad, and intensive domestic immersion programs. Studies in Second Language Acquisition, 26(2), 275-301.

Goldschneider, J. M., & DeKeyser, R. M. (2001). Explaining the "Natural Order of L2 Morpheme Acquisition" in English: A Meta analysis of multiple determinants. Language Learning, 51(1), 1-50.

Guion, S. (2005). Knowledge of English word stress patterns in early and late Korean-English bilinguals. Studies in Second Language Acquisition, 27, 503-533.

Guion, S., Flege, J., James E., Liu Serena H., & Yeni-Komshian, H. (2000). Age of learning effects on the duration of sentences produced in a second language. Applied Psycholinguistics, 21, 205-228.

Grosjean, F., & Deschamps, A. (1975). Analyse contrastive des variables emporelles de l'anglais et du français: vitesse de parole et variables composantes, phénomènes d'hésitation. Phonetica, 31(3-4), 144-184.

Hadden, B. L.(1991). Teacher and nonteacher perceptions of second-language communication. Language Learning, 41, 1-24.

Hansen, J. G. (2004). Developmental sequences in the acquisition of English L2 syllable codas: A preliminary study. Studies in Second Language Acquisition, 26, 85-124.

Hillenbrand, J., Clark, M. J.,& Houde, R. A. (2000). Some effects of duration on vowel recognition. Journal of the Acoustical Society of America, 108, 3013-3022.

Huebner, T. (1983). A longitudinal analysis of the acquisition of English. Ann Arbor, MI: Karoma.

Hyltenstam, K., & Abrahamsson, N. (2003). Maturational constraints in SLA. In C. Doughty & M. H. Long (Eds.), Handbook of Second Language Acquisition (pp. 539-588). Malden, MA: Blackwell.

Hellenbrand, J., & Gayvert, R. T. (1993). Identification of steady-state vowels synthesized from the Peterson and Barney measurements. Journal of the Acoustical Society of America, 94, 668- 674.

Honda, K. (1983). Relationship between pitch control and vowel articulation. In D. M. Bless & J. H. Abbs(Eds.), Vocal fold physiology: Contemporary research and clinical issues (pp.286-297). San Diego: College-Hill

Holmes, V. M. (1995). A crosslinguistic comparison of the production of utterances in discourse. Cognition, 54(2), 169-207.

Huang, B. H., & Flores, B. B. (2018). The English language proficiency assessment for the 21st century (ELPA21). Language Assessment Quarterly, 15(4), 433-442.

Iwashita, N., Brown, A., McNamara, T., & O'Hagan, S. (2008). Assessed levels of second language speaking proficiency: How distinct? Applied linguistics, 29(1), 24-49.

Janse, E. (2004). Word perception in fast speech: artificially time-compressed vs. naturally produced fast speech. Speech Communication, 42(2), 155-173.

Jenner, B. R. (1976). Interlanguage and foreign accent. Interlanguage Studies Bulletin,, 166-195.

Jun, S. A. (2014). The intonational phonology of Bangladeshi Standard Bengali. Retrieved from www.oxfordscholarship.com/view/10.1093.

Kachru, B. B. (1985). The bilinguals' creativity. Annual Review of Applied Linguistics, 6, 20-33.

Kang, S-H. (2012). A study on the fluency judgment of the suprasegmentals for the native English and Japanese learners of Korean. Bilingual Research, 50, 1-24.

Kang, S.H. (2013). The effect of the background language on L2 suprasegmental acquisition. Korean Journal of Linguistics, 38(1), 1-25.

Kang, S-H. (2013). Bi-directional development of L2 suprasegmentals. American Journal of Linguistics, 2(4), 1-17.

Kang, S. (2020). Mixed effects of L1 background languages and L2 experience on the acquisition of the Korean suprasegmentals. Korean Journal of Linguistics, 45(2), 223-246.

Kang, S., & Ahn, H. (2011). Phonetic Declination Patterns of Korean English learners' Intonation. Journal of Modern English Education, 12(1), 20-34.

Kang, S. & Ahn, H. (2012). A comparative study on criteria and tasks in Korean English speaking assessment by native and non-native raters. Language Research, 48(2), 1-25.

Kang, S. & Ahn, H. (2014). Intonational variation in Korean learners' English. The SNU Journal of Educational Research, 32, 23-42.

Kang, S.H. & Ahn. H.K. (2016). The Effect of Immersion on the Production of L2 suprasegmental Features. Studies in Linguistics, 39, 1-25.

Kent, R. D., Miolo, G., & Bloedel, S. (1994). The intelligibility of children's speech: A review of evaluation procedures. American Journal of Speech-Language Pathology, 3(2), 81 95.

Kinginger, C. (2002). Defining the zone of proximal development in US foreign language education. Applied Linguistics, 23(2), 240-261.

Kim, Y-H. (2009). An investigation into native and non-native teachers' judgments of oral English performance: A mixed methods approach. Language Testing, 26(2), 187-217.

Kobayashi, M. (2003). The role of peer support in ESL students' accomplishment of oral academic tasks. The Canadian Modern Language Review, 59, 337-368.

Kormos, J. (2000). The role of attention in monitoring second language speech production. Language Learning. 50, 343-384.

Kunnan, A. (2008). Large-scale language assessments. New York: Springer Science.

Ladefoged, P. (2001). Vowels and consonants. Phonetica, 58, 211-212.

Ladefoged, P., & Johnson, K. (2014). A course in phonetics. Cambridge: Cengage Learning.

Lennon, P. (1990). Investigating fluency in EFL: A quantitative approach. Language Learning, 40, 387-417.

Lincare, M. (2005). A user's guide facets: Rasch-model computer program. Retrieved from www.winsteps.com.

Lowenberg, P. H. (2002). Assessing English proficiency in the expanding circle. World Englishes, 21(3), 431-435.

Luoma, S. (2004). Assessing speaking. Cambridge: Cambridge University Press.

Markus, H., & Nurius, P. (1986). Possible selves. American Psychologist, 41(9), 954.

Mehnert, U. (1998). The effects of different lengths of time for planning on second language performance. Studies in Second Language Acquisition, 20, 83-108.

Mennon, I. (2006). Phonetic and phonological influences in non-native intonation: An overview for language teachers. Queen Margaret University College. Speech Science Center working paper, 9, 1-18.

Merlo, S., & Mansur, L. L. (2004). Descriptive discourse: topic familiarity and disfluencies. Journal of Communication Disorders, 37(6), 489-503.

Mines, M. A., Hanson, B. F., & Shoup, J. E. (1978). Frequency of occurrence of phonemes in conversational English. Language and Speech, 21(3), 221-241.

Miner, R., & Danhauer, J. L. (1977). Relation between formant frequencies and optimal octaves in vowel perception. Journal of the American Audiology Society, 2, 162-168.

Munro, M., & Derwing, T. (1995). Foreign accent, comprehensibility, and intelligibility in the speech of second language learners. Language Learning, 45(1), 73-97.

Munro, M., & Derwing, T. (2006). The mutual intelligibility of L2 speech. Studies in Second Language Acquisition, 28(1), 111-131.

Murphy, R. & Balzer, K. (1989). Rater errors and rating accuracy. Journal of Applied Psychology, 74(4), 619-624.

National Council of Measurement in Education.(1999). Standards for educational and psychological testing. (pp.63-74), American Educational Research Association.

Nakagawa, T., Saito, S., & Yoshino, T. (1982). Tonal difference limens for second formant frequencies of synthesized Japanese vowels. Annual Bulletin Royal Institute of Logopedics and Phoniatrics (Tokyo), No. 16, pp. 81-88.

North, B. & Schneider, G. (1998). Scaling descriptors for language proficiency scales.

Language Testing, 15(2), 217-262.

Ohara, Y. (1992). Gender-dependent pitch levels: A comparative study in Japanese and English. In Locating Power. Proceedings of the Second Berkeley Women and Language Conference, 1-12.

Olynyk, M., d'Anglejan, A., & Sankoff, D. (1987). A quantitative and qualitative analysis of speech markers in the native and second language speech of bilinguals. Applied Psycholinguistics, 8(2), 121-136.

Ortega, L., & Iberri-Shea, G. (2005). Longitudinal second language acquisition: recent trends and future direction. Annual Review of Applied Linguistics, 25, 26-45.

Patri, M. (2002). The influence of peer feedback on self-and peer-assessment of oral skills. Language Testing, 19(2), 109-131.

Riazantseva, A. (2001). Second language proficiency and pausing. Studies in Second Language Acquisition, 23(4), 497-526.

Pulakos, E. (1984). A comparison of rater training programs: Error training and accuracy training. Journal of Applied Psychology, 69(4), 581-588.

Perdue, C., Benazzo, S., & Giuliano, P. (2002). When finiteness gets marked: The relation between morphosyntactic development and use of scopal items in adult language acquisition. Linguistics, 40, 849-890.

Rossiter, M. J. (2009). Perceptions of L2 fluency by native and non-native speakers of English. Canadian Modern Language Review, 65(3), 395-412.

Rossiter, M. J., Derwing, T. M., & Jones, V. M. (2008). Is a picture worth a thousand words?. Tesol Quarterly, 325-329.

Sato, C. (1990). The syntαx of conversation in interlanguage development. Tiibingen: Gunter Narr.

Schmidt, R. (1983). Interaction, acculturation, and the acquisition of communicative competence. In N. Wolfson & E. Judd (Eds.), Sociolinguistics and language acquisition (pp. 137-174). Rowley, MA: Newbury House.

Scherer, K. R. (2000),A cross-cultural investigation of emotion inferences from voice and speech: implications for speech technology. Interspeech, (4), 379-382.

Schachter, S., Christenfeld, N., Ravina, B., & Bilous, F. (1991). Speech disfluency and the structure of knowledge. Journal of Personality and Social Psychology, 60(3), 362-367.

Schumann, J. H. (1978). The pidginization process: A model for second language acquisition. Rowley, MA: Newbury House.

Scovel, T. (1988). A time to speak: A psycholinguistic inquiry into the critical period 'for human speech. Rowley, MA: Newbury House.

Segalowitz, N. (2010). Cognitive bases of second language fluency. New York: Routledge.

Segalowitz, N., & Freed, B. F. (2004). Context, contact, and cognition in oral fluency acquisition: Learning Spanish in at home and study abroad contexts. Studies in Second Language Acquisition, 26(2), 173-199.

Selkirk, E. (1984). On the major class features and syllable theory. In Selkirk (eds,), Language sound structure, Cambridge: MIT Press.

Skehan, P. (2002). Theorising and updating aptitude. In P. Robinson (Ed.), Individual differences and instructed language learning (pp. 69-93). Philadelphia, PA: John Benjamins.

Skehan, J. (2003). Task-based instruction. Language Learning, 36(1), 1-14.

Southwood, H. & Flege, J. (1999). The validity and reliability of scaling foreign accent. Clinical Linguistics & Phonetics, 13, 335-349.

Tavakoli, P., & Skehan, P. (2005). 9. Strategic planning, task structure and performance testing. In Planning and task performance in a second language (pp. 239-273). New York: John Benjamins.

Taylor, D. M., Meynard, R., & Rheault, E. (1977). Threat to ethnic identity and second language learning. In Dans, H. Giles (Ed.), Language, Ethnicity and Intergroup Relations (pp. 98-118). London: Palgrave Macmillan.

Thornbury, S. (2005). Beyond the sentence. Oxford: Macmillan Education.

Towell, R. & Dewaele, J. M. (2005). The role of psycholinguistic factors in the development of fluency amongst advanced learners of French. In Focus on French as a foreign language: Multidisciplinary approaches. (pp. 210-239). Retrieved from www.degruyter.com/document.

Towell, R., Hawkins, R. & Bazergui, N. (1996). The development of fluency in advanced learners of French. Applied Linguistics, 17, 84-119.

Trofimovich, P. & Baker, W. (2006). Learning second Language suprasegmentals :Effect of L2 experience on prosody and fluency characteristics of L2 speech. Studies in

Second Language Acquisition, 28(1), 1-30.

Ueyama, M. (2000). Prosodic transfer: An acoustic studying of L2 English and L2 Japanese. Unpublished Doctoral Dissertation. UCLA. USA.

van Bezooijen, R. (1995). Sociocultural aspects of pitch differences between Japanese and Dutch women. Language and Speech, 38(3), 253-265.

Wennerstrom. A. (1994). Intonational meaning in English discourse: a study of non-native speakers, Applied Linguistics, 15(4), 399-420.

Wennerstrom, A. (2002). The music of everyday speech. New York: Oxford University Press.

Whalen, D. H., & Levitt, A. G. (1995). The universality of intrinsic f_0 of vowels. Journal of Phonetics, 23, 349-366.

Willems, N.J. (1982). English intonation from a Dutch point of view. Dordrecht: Foris Publication

Weigle, S. C. (1998). Using FACETS to model rater training effects. Language Testing, 15, 263-287.

Yuan, F., & Ellis, R. (2003). The effects of pre-task planning and on-line planning on fluency, complexity and accuracy in L2 monologic oral production. Applied Linguistics, 24(1), 1-27.

찾아보기

ㅂ

ㅅ

ㅇ

ㅈ

ㅊ

ㅋ

ㅌ

ㅍ

ㅎ

강석한

연세대학교 영어영문학과에서 음성학/음운론으로 박사학위를 받고, 한국연구재단 지원으로 MIT(Massachusetts Institute of Technology) 언어학과와 서울대학교 영어교육학과에서 박사후 과정을 이수하였다. 서울대학교 연구 교수를 거쳐 현재 건국대학교 글로컬캠퍼스 교양대학에서 부교수로 재직하고 있다. 주요 관심 분야는 제2 언어 습득, 응용 언어학, 그리고 제주 한국어 음운 형성이며, 박사학위 취득 이후 현재까지 52편의 연구 논문과 3편의 저서를 발표하였다.

영어와 한국어 유창성 이해 및 평가

초판 1쇄 발행 _ 2022년 4월 20일

저　　자 • 강 석 한
발 행 인 • 정 현 걸
발　　행 • 신 아 사
인　　쇄 • 대명프린팅
출판등록 • 1956년 1월 5일 (제9-52호)
주　　소 • 서울시 은평구 통일로 59길 4(2F)
전　　화 • 02)382-6411 · 팩스 02)382-6401
홈페이지 • www.shinasa.co.kr
E-MAIL • shinasa@daum.net

ISBN 979-11-91158-89-2 (93740)
저자와의 협의로 인지를 생략합니다.

정가 15,000원